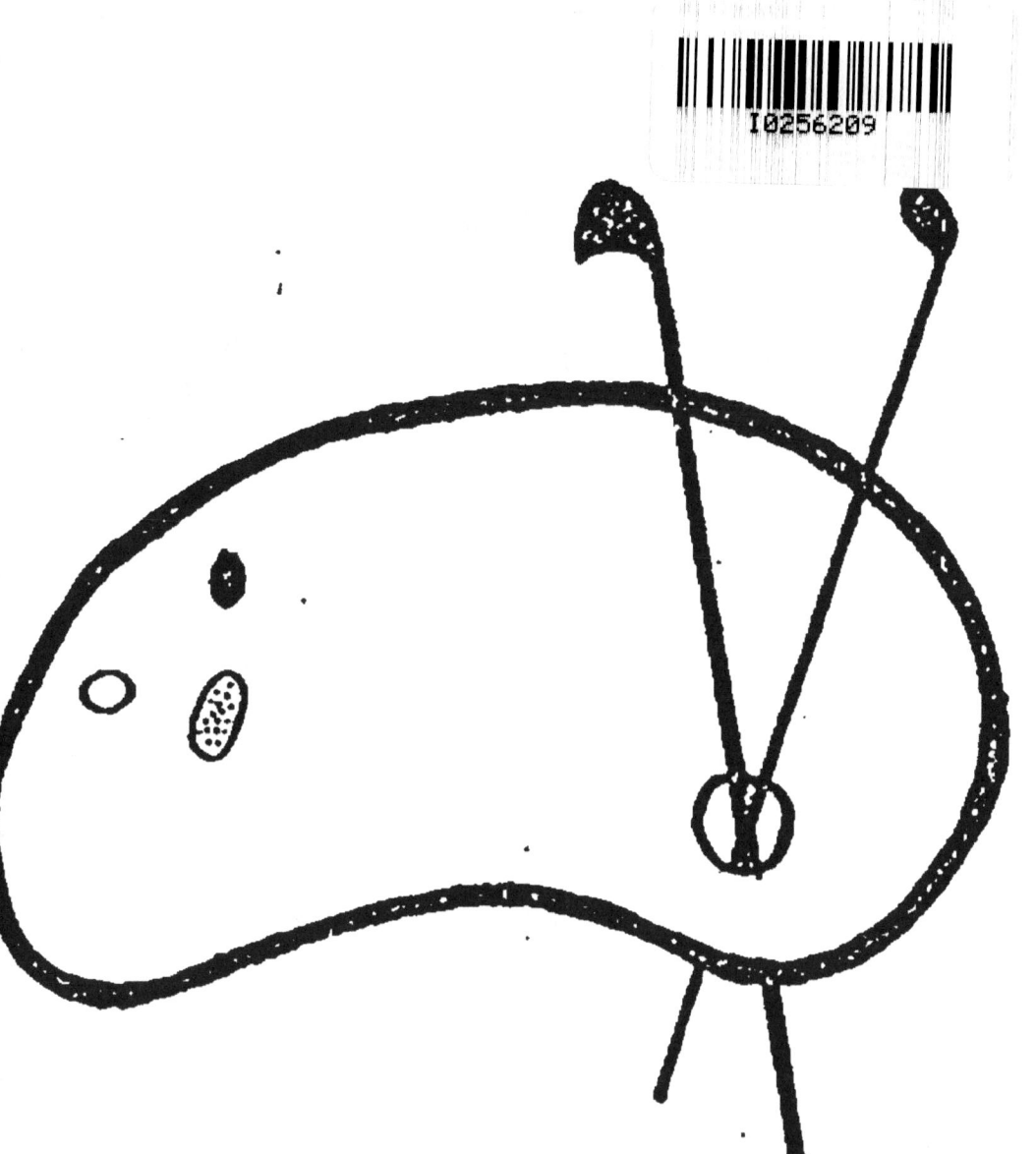

COUVERTURE SUPERIEURE ET INFERIEURE
EN COULEUR

CODE THÉATRAL,

PHYSIOLOGIE DES THÉATRES,

MANUEL COMPLET

DE L'AUTEUR, DU DIRECTEUR,
DE L'ACTEUR ET DE L'AMATEUR,

CONTENANT

LES LOIS, RÈGLES ET APPLICATIONS
DE L'ART DRAMATIQUE;

PAR J. ROUSSEAU,

L'un des Auteurs du *Code civil*.

✿

Nourri dans le sérail, j'en connais les détours.

✿

PARIS.

P. RORET, LIBRAIRE-ÉDITEUR,
QUAI DES AUGUSTINS, N° 17 BIS.

1829.

Du même Auteur,

pour paraître le 15 février,

CODE ÉPICURIEN, choix de chansons anciennes, modernes et inédites. 1 fort vol. in-18.

Chez le même Libraire :

CODE CIVIL, Manuel complet de la politesse, du ton, des manières de la bonne compagnie. 5e édit. 1 vol. in-18, avec gravure de Devéria. . 3 fr. 50 c.

CODE GOURMAND, Manuel complet de gastronomie transcendante; 4e édit. 1 vol. in-18, avec gravure de Devéria, et carte gastronomique de la France. 3 fr. 50 c.

CODE DE LA TOILETTE, Manuel complet d'élégance et d'hygiène; 3e édit. 1 vol. in-18, avec grav. de Devéria. . . . . 3 fr. 50 c.

CODE PÉNAL DES HONNÊTES GENS; 3e édit. avec gravure de Devéria. . . . . 3 fr. 50 c.

CODE DES FEMMES. 1 vol. in-18. 3 fr. 50 c.

CODE DE LA CONVERSATION. 1 vol. in-18; avec gravure de Devéria. . . . . 3 fr. 50 c.

Sous presse :

CODE CONJUGAL. 1 vol. in-18. . . 3 fr. 50 c.

Imp. de TROUVÉ et Cie, rue N.-D.-des-Victoires, n. 16.

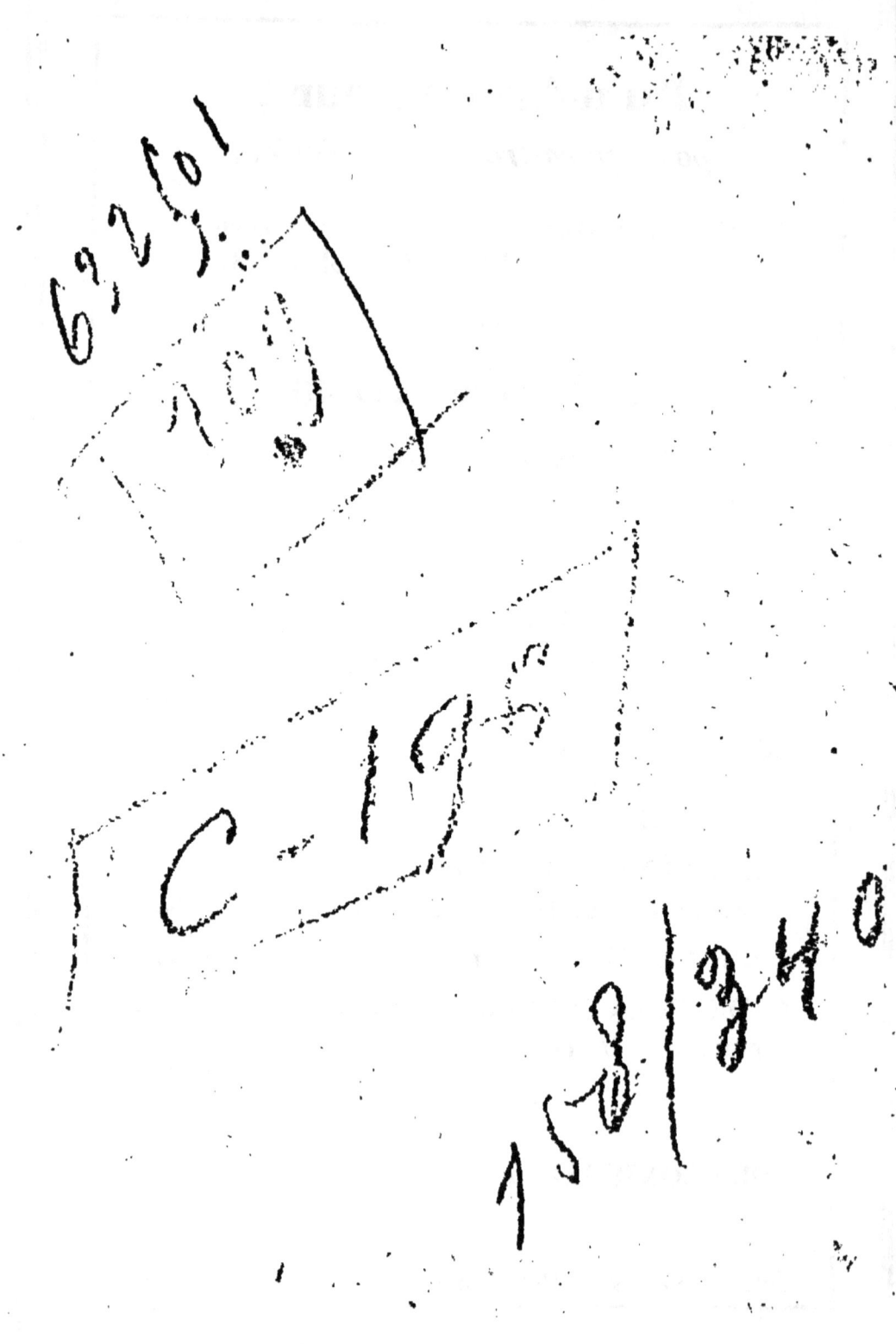

CODE

THÉATRAL.

IMPRIMERIE DE TROUVÉ ET COMPAGNIE,
rue Notre-Dame-des-Victoires, n° 16.

La mère d'une actrice.

CODE THÉATRAL,

PHYSIOLOGIE DES THÉATRES,

MANUEL COMPLET

DE L'AUTEUR, DU DIRECTEUR,
DE L'ACTEUR ET DE L'AMATEUR,

CONTENANT

LES LOIS, RÈGLES ET APPLICATIONS
DE L'ART DRAMATIQUE;

PAR J. ROUSSEAU,

L'un des Auteurs du *Code civil*.

Nourri dans le sérail, j'en connais les détours.

PARIS.

J.-P. RORET, LIBRAIRE-ÉDITEUR,
QUAI DES AUGUSTINS, N° 17 BIS.

1829.

PRÉFACE.

Le théâtre est un des besoins de la société, ce qui est tout simple, puisqu'il en est l'expression. Mais jamais, peut-être, ce besoin ne s'était montré plus impérieux que de nos jours. Les temples dramatiques, surtout ceux ouverts aux muses bâtardes, se sont multipliés sans qu'aucun d'eux ait eu à souffrir de la concurrence ; les représentations les plus communes attirent toujours un certain nombre d'intrépides, et, à la moindre soirée extraordinaire, la salle est trop petite de moitié pour contenir les flots de curieux. Parcourez les départemens, l'étranger : partout même ferveur, même rage; les directeurs s'enrichissent, les acteurs ont voiture, les auteurs vivent, et les banqueroutes sont aussi rares parmi les entrepreneurs dramatiques, qu'elles sont communes chez les notaires et les agens de change.

Dans cet état de choses, il manquait un ouvrage qui traitât *ex professo* de tout ce qui a rapport au matériel et au personnel des théâtres ; qui retraçât les règles et les lois par lesquelles se régissent ces petites monarchies, soumises toutes à une charte à peu près générale, que monarques et sujets ne se gênent pas pour violer quand l'occasion s'en présente, ou quand leurs intérêts particuliers l'exigent; qui indiquât les droits de chacun, depuis l'omnipotent directeur jusqu'au dernier des machinistes; qui mît à nu toutes les petites intrigues, toutes les petites bassesses, toutes les petites infamies dont l'intérieur des théâtres est un vaste entrepôt; qui pût enfin, autant que possible, initier le public aux mystères qui se passent derrière le rideau : spectacle beaucoup plus amusant à l'œil de l'observateur que celui qu'on nous offre chaque soir, depuis sept heures jusqu'à minuit.

Déjà plusieurs Codes, sur le modèle desquels le *Code théâtral* est exactement tracé, ont obtenu des succès de vogue. Le *Code Gourmand* et le *Code Civil*, entre autres, sont parvenus promptement à leur quatrième édition, et cependant ces ouvrages ne s'adressaient qu'à une classe de la société ; le nôtre s'adresse à la société tout entière. En effet, les gourmands vont au spectacle comme les autres quand ils ont bien diné ; les gens mal élevés vont au spectacle comme la bonne compagnie : ainsi, en procédant logiquement, le *Code théâtral* doit avoir deux fois le succès de ceux que je viens de citer. Je ne demande pas mieux, ni mon libraire non plus.

Je le répète : je parlerai, dans ce petit ouvrage, de tout ce qui a des rapports avec les théâtres, de quelque nature que soient ces rapports. Je sais que je m'engage dans une route hérissée d'amours-propres, et que je dois infailliblement en blesser un grand nombre en passant; aussi m'empressé-je de faire une déclaration franche, et sur laquelle j'insiste tout particulièrement : je m'attaque aux masses et non aux individus ; je relaterai des faits, des généralités; et, dans l'impossibilité où je suis de citer toutes les exceptions, je n'en citerai pas une seule. Je laisse aux gens consciencieux, et il y en a au théâtre presque autant que partout ailleurs, à prendre de mon ouvrage ce qu'ils croiront adressé à eux, et à laisser ce qui pourrait les blesser ; protestant d'avance que mon intention n'est de blesser personne, mais de dévoiler quelques abus, quelques vices, quelques ridicules, plus communs peut-être chez les comédiens que dans toute autre classe, parce qu'ici l'amour-propre est l'unique mobile de toutes les actions, et que, semblable à ce mets d'Ésope, l'amour-propre est la source de tout le bien et de tout le mal.

INTRODUCTION.

—

ORIGINE DES THÉATRES EN FRANCE.

Avant de tracer les règles, les lois et les applications de l'art dramatique, nous avons pensé que nous ferions une chose à la fois utile et agréable aux nombreuses personnes qui s'occupent du théâtre, soit par état, soit par goût, en leur retraçant sommairement les divers degrés par lesquels le théâtre a passé, en France, pour arriver à l'état de splendeur où nous le voyons aujourd'hui.

Ceux qui revenaient de pélerinage, soit de Jérusalem, soit de Saint-Jacques-de-Compostelle, ou de quelques autres lieux de piété, composaient des cantiques sur leurs voyages, et mêlaient dans leurs chants le récit de la vie et de la mort de Jésus-Christ. Le peuple avait beaucoup de plaisir à les entendre. Plusieurs bourgeois se cotisèrent pour acheter un emplacement où ces pélerins pussent représenter leurs mystères les jours de fêtes. Le bourg de Saint-Maur, près Paris, fut choisi pour construire un théâtre, et le premier mystère que l'on y joua, en l'année 1398, fut celui de la *Passion de Notre-Seigneur Jésus-Christ.*

Ces représentations avaient déjà eu lieu dans les places publiques, et notamment le 11 novembre 1380, à l'entrée de Charles VI à Paris, et à celle d'Isabeau de Bavière, sa femme, en 1385. Elles n'avaient alors éprouvé aucun obstacle; mais lorsqu'elles se donnèrent dans un endroit fermé, le prévôt de Paris crut devoir s'y opposer, et rendit, le 3 juin 1398, une ordonnance portant défense à tous les habitans des villes de sa juridiction, de représenter aucuns jeux de personnages, soit des vies des Saints ou autres, sans la permission du Roi.

Les nouveaux acteurs formèrent une société sous le titre de *Confrérie de Notre-Seigneur Jésus-Christ*, se pourvurent à la Cour, et obtinrent, le 4 décembre 1402, des lettres qui les autorisèrent à jouer en public quelque mystère que ce fût, soit de la Passion ou autre.

Munis de ces lettres, les Confrères de la Passion s'établirent à l'hôpital de la Trinité, situé hors la porte Saint-Denis, et y représentèrent, tous les jours de fêtes, excepté les solennelles, divers spectacles, dont les sujets étaient tirés du Nouveau Testament. Une chose assez remarquable, c'est que les jours qu'ils donnaient ces représentations, plusieurs églises avançaient l'heure des vêpres, afin de laisser le temps d'assister à ces spectacles.

Pour exécuter tant de différentes actions, sans changement de décorations, il fallait que le théâtre fût disposé d'une manière particulière. Voici quelle était sa forme: elle ne différait point sur le devant de ceux d'aujourd'hui; mais le fond était ainsi arrangé : plusieurs échafauds, qu'on nommait établis, le remplissaient. Le plus élevé de ces échafauds représentait le Paradis ; celui de dessous, l'endroit le plus éloigné du lieu où la scène se passait ; le troisième, en descendant, le palais d'Hérode, la maison de Pilate ; ainsi des autres, jusqu'au dernier qu'exigeait le mystère que l'on représentait.

Sur les côtés de ce même théâtre, étaient des espèces de gradins, en forme de chaises, sur lesquels les acteurs s'asseyaient lorsqu'ils avaient joué leurs scènes ; car jamais ils ne disparaissaient aux yeux des spectateurs qu'ils n'eussent achevé leurs rôles.

A l'endroit où est maintenant le trou du souffleur, l'enfer était représenté par la gueule d'un dragon, qui s'ouvrait et se fermait lorsque les diables en devaient sortir ou y étaient rentrés.

Les *Confrères de la Passion* rencontrèrent bientôt des rivaux dans les *Enfans Sans-Souci*. C'étaient des jeunes gens de famille, qui formèrent, sous ce titre, une société dont le but était de peindre les sottises des hommes. Le chef de cette troupe portait le titre de *Prince des sots*. Il marchait en public avec une espèce de capuchon sur la tête et des oreilles d'âne, et faisait tous les ans une entrée à Paris, à la tête de ses sujets. Leurs représentations se donnaient sur des échafauds qu'ils dressaient à la halle.

Des rivaux non moins redoutables pour les *Confrères de la Passion*, auraient été les clercs de la Bazoche, si le privilége exclusif des premiers n'eût pas mis une digue aux entreprises de cette compagnie. Non-seulement les clercs de la Bazoche ne pouvaient donner de représentations que trois fois l'année, et aux jours de réjouissances publiques, mais ils furent obligés de choisir un genre particulier, et composèrent des moralités.

Quoique ces divers concurrens ne pussent pas supplanter entièrement les *Confrères de la Passion*, ils contribuèrent à faire paraître trop sérieuses les représentations uniquement consacrées aux mystères; ce qui les détermina à mêler à leurs dévots spectacles des scènes tirées des sujets profanes et burlesques. Ils employaient à les représenter les Enfans Sans-Souci, et soutinrent de cette façon leur théâtre jusqu'en 1539.

qu'ils furent obligés de quitter la maison de la Trinité, qui fut de nouveau destinée à un hôpital.

L'attention de quelques églises de ce temps d'avancer l'heure des vêpres pour laisser les fidèles aller au spectacle, cesse d'étonner, quand on fait attention qu'on ne jouait alors que des mystères. La seconde journée de celui de sainte Barbe commence par ce prologue :

> Jésus, que tous devons prier,
> Le fils de la vierge Marie,
> Veuillez paradis octroyer
> A cette belle compagnie.
> Seigneurs et dames, je vous prie,
> Serez-vous trestous à votre aise;
> Et de sainte Barbe la vie
> Acheverons, ne vous déplaise.

Obligés d'abandonner leur théâtre de la Trinité, pour les raisons que nous avons dites, quoique l'hôpital n'y ait été rétabli que huit ans après, les Confrères de la Passion cherchèrent un autre local, et louèrent une partie de l'hôtel de Flandre; mais ils n'en jouirent pas long-temps. En 1543, François Ier ordonna la démolition de cet hôtel, et de ceux d'Arras, d'Étampes et de Bourgogne. Ce nouveau déplacement fit sentir aux Confrères la nécessité d'assurer leur tranquillité à venir, en achetant un terrain sur lequel ils pussent faire construire leur théâtre.

Ils traitèrent, en conséquence, avec un nommé Jean Rouvet, adjudicataire de plusieurs lots de terrain vendu, et achetèrent de lui une portion considérable de l'hôtel de Bourgogne, consistant en dix-sept toises de long sur seize de large, le tout moyennant deux cent vingt-cinq francs de rente perpétuelle de cens par an envers le Roi. Ce fut sur ce terrain, situé rue Mauconseil, qu'ils firent bâtir leur nouveau théâtre. C'est le même qui a été occupé par le théâtre Italien jusqu'en 1783, et où fut construite, en 1784, la halle aux cuirs, qui y est encore aujourd'hui.

Aussitôt que toutes leurs constructions furent achevées, les Confrères de la Passion présentèrent leur requête au parlement pour obtenir la permission de recommencer leurs représentations. Ils furent maintenus dans leur privilége par arrêt du 17 novembre 1548, qui portait défense à tous autres de représenter, soit à Paris, soit dans la banlieue ; mais le même arrêt interdisait aux Confrères les représentations du mystère de la Passion et de tous autres mystères sacrés, et ne leur permettait d'offrir au public que des sujets profanes, licites et honnêtes.

Ainsi finirent, en 1548, les représentations des mystères.

Parmi ceux qui furent joués dans l'espace de ces cent cinquante ans, on peut citer les suivans : *Mystère de la Passion*, *Mystère de Chrysélides*, *Mystère de la Résurrection*, *Mystère de la Conception*, *Mystère du Vieux Testament* (celui-ci ne contient pas moins de soixante-deux mille vers), *Mystère de sainte Catherine*, *Mystère de la Vengeance de Notre-*

Seigneur, *Mystère des Actes des Apôtres*, et la *Destruction de Troyes*. Ce Mystère, divisé en quatre journées, contient environ quarante mille vers. Il est de maître Jacques Mirlet, étudiant ès-lois en l'université d'Orléans, et fut commencé à être joué le 2 septembre 1450. On ne s'accorde pas sur les noms des auteurs de la plupart des autres, si l'on en excepte le *Mystère de l'Apocalypse*, par Louis Choquet, représenté sur le théâtre de l'hôtel de Flandre, en 1541, et ceux de la *Nativité de Jésus-Christ*, et *l'Adoration des trois Rois*, qu'on sait être de

Marguerite de Valois, reine de Navarre.

Les auteurs connus pour avoir travaillé dans ces premiers temps sont, outre ceux que nous venons de nommer, Arnould, Simon, Greban frères, Jean Duprier, Jean Michel, Jean Moulinet, Éloy d'Armernal, Simon Bourgouin, Pierre Gringorre, qui était en même temps acteur, ainsi que Jean du Pont-Alais. Ce dernier était bossu; c'est lui qui aborda un jour un cardinal qui l'était aussi, et, mettant sa bosse contre la sienne, lui dit : Monseigneur, nous voici en état de prouver, en dépit du proverbe, que deux montagnes peuvent se rencontrer.

Nous passons sous silence les noms de plusieurs autres auteurs, ainsi que ceux de quelques acteurs qui figurent dans ce temps à côté du fameux Clément Marot, qui joua souvent dans les pièces des Enfans de Sans-Souci. Il paraît que la condition des comédiens n'était pas, dans ce temps, à beaucoup près aussi heureuse qu'aujourd'hui, à en juger par l'épitaphe de Jacques Mernable, l'un d'eux, faite par Ronsard :

Tandis que tu vivais, Mernable,
Tu n'avais ni maison, ni table,

Et jamais, pauvre, tu n'as veu
Dans ta maison le pot au feu.
Ores la mort t'est profitable,
Car tu n'as plus besoin de table,
Ni de pot; et si, désormais,
Tu as maison pour tout jamais.

Les Confrères de la Passion, en construisant leur salle, étaient loin de s'attendre au coup qui les menaçait. Ils fondaient tout leur espoir sur les représentations des Mystères, et avaient placé sur la porte de leur hôtel une pierre où était en relief le Mystère de la Passion.

Ils continuèrent cependant à exécuter des pièces tirées de l'histoire et des romans. Mais dans cet intervalle, Jodelle, Baïf, La Péruse et Grevin, changèrent le goût du public, en composant des tragédies et des comédies sur le modèle des poètes grecs et latins.

Les Confrères, qui d'ailleurs ne représentaient qu'avec une certaine répugnance, des pièces dont le genre s'éloignait de celui de leur fondation, se déterminèrent alors à abandonner leur privilége, et à louer leur salle à une troupe de comédiens qui se forma à cette époque.

Déjà, quatre ans auparavant, une troupe de comédiens de province avait essayé de s'établir au collége de Cluny, rue des Mathurins; mais ils ne jouèrent pas plus d'une semaine : un arrêt du parlement fit fermer leur salle.

Cette même année 1588, deux autres troupes, la première de Français, la seconde d'Italiens, voulurent s'établir à Paris. Cette dernière, sous le titre de *I Gelosi*, avait joué aux états de Blois; elle prit, à Paris, l'hôtel de Bourbon. Ses succès causèrent sa perte : les comédiens de l'hôtel de Bourgogne usèrent de leur privilége, et les Italiens furent obligés de partir.

Les nouveaux comédiens, cessionnaires des Confrères de la Passion, eurent, depuis leur établissement jusqu'en 1593, de fréquentes interruptions à leur théâtre, causées par les guerres civiles et étrangères qui désolèrent le royaume, et particulièrement Paris. Mais après que Henri IV fut reconnu paisible possesseur du trône, le théâtre se ressentit du calme et de la paix.

Des comédiens de province profitèrent des prérogatives des foires pour établir un théâtre dans le faubourg Saint-Germain, pendant la durée de celle qui avait alors lieu dans ce quartier. En vain les acteurs de l'hôtel de Bourgogne voulurent-ils s'y opposer, les forains furent maintenus.

Cet échec qu'éprouvait leur ancien privilége ne fut rien en comparaison de l'établissement d'un second théâtre qui eut lieu quelques années après, sous la dénomination de *Théâtre du Marais*. Nous en parlerons plus loin.

Dès 1612, les comédiens de l'hôtel de Bourgogne avaient présenté requête à Louis XIII pour être affranchis du droit qu'ils payaient aux Confrères de la Passion, et demander l'abolition de cette confrérie. Le 7 novembre 1629, intervint arrêt du Conseil, conforme à leurs conclusions, et dès-lors ils furent seuls propriétaires de l'hôtel de Bourgogne.

Les acteurs les plus célèbres de ce théâtre, à cette époque, étaient Robert Guérin, dit Lafleur, ou Gros-Guillaume; Henri Legrand, dit Belleville, ou Turlupin; Hugues Guérin, dit Fléchelle, ou Gautier-Garguille, et Deslauriers, dit Bruscambille, ou Boniface. Les trois premiers avaient d'abord joué au théâtre du Marais. Un mémoire particulier dit même qu'ils commencèrent par avoir un théâtre portatif, et qu'ils avaient choisi pour emplacement la porte

Saint-Jacques, à l'entrée du fossé qu'on appelait l'Estrapade.

En 1632, une troupe de comédiens de province s'était établie dans un jeu de paume de la rue Michel-le-Comte; mais sur la requête des habitans des rues voisines, qui se plaignaient de l'incommodité que leur causait ce théâtre, un arrêt du 22 mai de l'année suivante le fit fermer.

Un autre théâtre s'établit au faubourg Saint-Germain, en 1635, pour le temps de la foire.

Un troisième s'éleva dans le même faubourg, en 1650, au jeu de paume de la Croix-Blanche, et se soutint pendant trois ans, sous le titre de l'*Illustre Théâtre*. Au bout de ce temps, la faiblesse des pièces et des acteurs le fit fermer. Ce fut à ce théâtre que débuta Molière. La chute de l'*Illustre Théâtre* réduisit à deux le nombre des spectacles à Paris, en 1658. Le théâtre de l'hôtel de Bourgogne et celui du Marais s'enrichissaient des ouvrages de Corneille et de ses contemporains, lorsque Molière revint à Paris, où il obtint du Roi la permission de jouer sur le théâtre du Petit-Bourbon, et par suite au Palais-Royal.

Le mois de mai 1671 vit l'ouverture d'un quatrième théâtre, rue Guénégaud. Ce fut le berceau de l'opéra en France.

La mort de Molière, arrivée le 17 février 1673, amena un grand changement dans les théâtres. Quatre personnes de sa troupe, qui jouait alors au Palais-Royal, en sortirent à la clôture de cette année pour s'engager à l'hôtel de Bourgogne. Ce furent Lathorillière, Baron, Beauval et sa femme. Lulli, qui avait le privilége de l'opéra, venait d'obtenir du Roi la permission de faire représenter ses ouvrages sur le théâtre du Palais-Royal. Mademoiselle Molière et ses camarades, accablés de ce double coup, demandèrent aux comédiens de l'hôtel de Bourgogne de les recevoir parmi eux, mais ils furent refusés.

Sur ces entrefaites, le Roi ayant déclaré vouloir qu'il n'y eût plus à Paris que deux troupes de comédiens français, l'une à l'hôtel de Bourgogne, et l'autre au théâtre de la rue Mazarine, vacant alors au moyen de ce que Lulli occupait la salle du Palais-Royal, Colbert choisit dans la troupe qui avait occupé ce théâtre, et dans celle du théâtre du Marais, les acteurs les plus distingués. Le théâtre du Marais fut démoli, et celui de la rue Mazarine, composé ainsi que nous venons de le dire, eut la dénomination de *Théâtre Guénégaud*, dont nous parlerons ci-après.

Parmi les acteurs qui se sont le plus distingués à Paris, depuis 1634 jusqu'en 1673, on doit citer les suivans :

Michel Baron, mort en 1665. Cet acteur, excellent dans le tragique, mourut d'une blessure qu'il se fit au pied en poussant l'épée que le comte de Gormas fait tomber à don Diègue dans le *Cid*. Ce fut le père du célèbre Baron.

Mondovy, excellent premier rôle tragique.

Floridor (Josias de Soulas, dit). Il était gentilhomme, et quitta une place d'enseigne pour se faire comédien. Il jouait parfaitement les premiers rôles dans la tragédie et la comédie; il se retira en 1672. Ce fut à son occasion que Louis XIV rendit l'arrêt qui déclara que la profession de comédien n'était pas incompatible avec celle de gentilhomme.

Mademoiselle Béjart, mère de la femme de Molière. Elle excellait dans les soubrettes et les caractères. Elle mourut en 1670.

Mademoiselle Desœuillet. Elle remplissait admirablement les premiers rôles tragiques, et mourut en 1670. Ayant vu mademoiselle Champmêlé jouer le rôle d'Hermione, elle dit, en sortant de la représentation : *Il n'y a plus de* Desœillet.

La mésintelligence régnait depuis quelque temps parmi les acteurs de l'hôtel de Bourgogne : M. et Madame Champmêlé avaient déjà, à la rentrée de 1679, quitté leurs camarades pour s'engager dans la troupe du théâtre Guénégaud. De plus, on jugea qu'en rassemblant les deux compagnies pour en composer une plus choisie, les pièces seraient représentées avec une plus grande perfection. Ce fut ce qui détermina le roi à ordonner, en 1680, la réunion des deux troupes au théâtre de la rue Guénégaud.

Les comédiens Italiens, qui jouaient alternativement avec la troupe du Palais au théâtre Mazarine ou Guénégaud, commencèrent à avoir un théâtre à eux seuls, et exploitèrent celui de l'hôtel de Bourgogne.

Nous avons vu l'établissement du théâtre Guénégaud, en 1673. Il fut composé, par le choix de

Colbert, d'acteurs pris dans la troupe du Marais, dont le théâtre fut démoli, et de quelques acteurs du Palais-Royal restés sans chef après la mort de Molière, et abandonnés par plusieurs de leurs camarades qui étaient rentrés au théâtre de l'hôtel de Bourgogne.

Pendant les sept années que l'on joua la tragédie et la comédie à ce théâtre, les acteurs qui le composaient représentèrent alternativement avec les comédiens italiens. Mais à partir du 25 août 1680, jour où les comédiens de l'hôtel de Bourgogne leur furent réunis, ils donnèrent tous les jours.

La nouvelle compagnie, formée des deux troupes, était composée de vingt-sept acteurs, partageant entre eux vingt-une parts et trois quarts.

En 1685, madame la dauphine, qui aimait beaucoup la comédie, et à qui, pour lui être agréable, le roi avait remis le soin du Théâtre-Français et du théâtre Italien, fit faire un réglement par suite duquel plusieurs acteurs furent remerciés; d'autres se retirèrent volontairement avec une pension proportionnée à leurs talens.

Par ce réglement, le nombre des

sujets fut porté à vingt-neuf et celui des parts à vingt-trois.

Cette compagnie, ainsi organisée, jouit d'une parfaite tranquillité jusqu'au 20 juin 1687. A cette époque, le temps étant venu d'ouvrir les écoles fondées par le cardinal Mazarin pour quatre nations étrangères, et le concours du collége et de la comédie pouvant devenir funeste, le roi fit donner ordre aux comédiens de quitter sous six mois l'hôtel Guénégaud.

Cet ordre, toutefois, ne put recevoir son exécution que le 18 avril 1689, les acteurs n'ayant pu commencer à s'établir ailleurs qu'à cette époque.

C'est une chose extraordinaire que les obstacles que les comédiens rencontrèrent alors pour l'achat d'un emplacement propre à construire une salle.

Ils offrirent successivement à l'agrément du roi sept emplacemens dont ils avaient fait lever les plans. Plusieurs furent acceptés; mais au moment de conclure, ils en recevaient la défense. Ils avaient même, avec la permission du roi, acheté l'hôtel de Lussan, rue des Petits-Champs. Partie du prix était payée, lorsqu'ils reçurent contre-ordre, et il fallut un arrêt du conseil-d'état pour les décharger de leurs engagemens. Ils achetèrent enfin le jeu de paume de l'Étoile, situé dans la rue Neuve-des-Fossés, quartier Saint-Germain-des-Prés.

Ce nouveau théâtre prit l'inscription suivante :

Hôtel des Comédiens du Roi, entretenus par Sa Majesté. M. D. C. LXXXVIII.

L'ouverture s'en fit le lundi, 18 avril 1689, par *Phèdre* et le *Médecin malgré lui*.

Les comédiens du roi occupèrent pendant quatre-vingts ans ce théâtre, sur lequel brillèrent les plus grands talens qui aient honoré la scène française.

On se plaignait depuis longtemps que la salle occupée par les comédiens du roi ne répondait pas à la dignité du premier théâtre de l'Europe. En attendant qu'on en eût construit une propre à les recevoir, le roi leur abandonna, en 1770, la jouissance de celle du palais des Tuileries.

Les comédiens du roi firent l'ouverture de leur nouvelle salle par *Phèdre* et le *Médecin malgré lui*, les deux mêmes pièces qui avaient été jouées en entrant dans la salle de la rue Neuve-des-Fossés.

Ce ne fut qu'à la rentrée de 1782, que la salle construite au faubourg Saint-Germain fut en état de recevoir les acteurs. Le roi, en en donnant la jouissance aux comédiens, par arrêt du conseil-d'état de la même année, se réservait à perpétuité la propriété de ladite salle, quant au sol et à tous les édifices principaux et accessoires, pour être surveillés sous l'autorité et par les soins des directeurs et ordonnateurs généraux des bâtimens, comme édifice royal.

L'ouverture s'en fit le 9 avril

par l'*Inauguration du Théâtre-Français*, comédie nouvelle en un acte et en vers, par Imbert, suivie d'*Iphigénie en Aulide.*

Cette salle, la plus belle et la plus commode que l'on ait vue à Paris, fut la proie des flammes le 28 ventôse an VII.

A la fin de 1789, le Théâtre-Français quitta ce titre pour prendre celui de Théâtre de la nation. On y joignit d'abord celui de comédiens ordinaires du Roi; mais cette dernière qualification fut retranchée sur l'affiche le 22 juin 1791. Ce fut au commencement de cette même année que Dugazon, Talma, Grandménil, mesdames Vestris, Desgarcins et Lange, quittèrent leurs camarades pour passer au théâtre des *Variétés amusantes*, qui prit alors la dénomination de *Théâtre-Français de la rue de Richelieu.*

Dès l'année 1647, le cardinal Mazarin avait tenté d'établir à Paris l'Opéra, c'est-à-dire les pièces de théâtre en musique, accompagnées de danses, de machines et de décorations. On joua, cette même année, *Orfeo ed Euridice.* Le succès qu'obtint cette pièce donna lieu d'en représenter une du même genre en 1660, sous le titre d'*Ercole amante*. De là vint le desir qu'on travaillât à des opéras français. L'abbé Perrin se montra un des plus zélés partisans de ce genre de spectacle. Il fit représenter à Issy, en 1659, une pastorale de sa composition, dont la musique fut faite par Cambert, organiste de Saint-Honoré. Cette pièce réussit, et le même abbé Perrin en composa une autre sous le titre d'*Ariadne*, dont on fit plusieurs répétitions en 1661, mais qui ne fut pas jouée, le cardinal Mazarin étant mort cette même année.

L'Opéra vit suspendre ses progrès par la perte de son protecteur. Cependant l'abbé Perrin, qui n'avait point perdu de vue son entreprise, obtint, le 28 juin 1669, un privilége en son nom, pour l'établissement d'une académie d'opéra en musique et en vers français. Muni de cette autorisation, il s'associa Cambert pour la musique, le marquis de Sourdeac et un sieur Champeron pour les avances. Ces deux derniers prirent à bail le jeu de paume situé rue Mazarine, vis-à-vis la rue Guénégaud, avec pouvoir d'y faire construire un théâtre pour les représentations des pièces en musique appelées *opéras*. Les nouveaux entrepreneurs firent venir du Languedoc les plus célèbres musiciens qu'ils tirèrent des églises cathédrales, et au mois de mars 1671, époque de laquelle doit dater l'établissement de l'Opéra français, on joua l'opéra de *Pomone*, qui fut représenté huit mois de suite avec des applaudissemens universels. Malgré les succès qu'obtenait l'Opéra, l'accord entre les entrepreneurs ne dura pas long-temps. M. de Sourdeac, sous prétexte des avances qu'il avait faites, s'empara du théâtre, et, pour remplacer

Perrin dans la composition des pièces, il s'adressa à Gilbert, qui composa une pastorale intitulée : *Les peines et les plaisirs.*

Lulli, qui était alors surintendant de la musique du roi, profita de la division qui s'était mise entre les associés de l'Opéra, et par le crédit de madame de Montespan, il obtint la révocation du privilége qui avait été accordé à l'abbé Perrin, et la concession d'un nouveau en sa faveur, en date du mois de mars 1672.

Lulli s'associa avec Vigarani, machiniste du roi, et fit construire un théâtre rue de Vaugirard, près du Luxembourg, au jeu de paume du Bel-Air : on y joua jusqu'en 1674. La troupe de Molière fut forcée, à cette époque, de lui abandonner la salle du Palais-Royal.

On sait à quel degré de perfection parvint bientôt l'Opéra par les poëmes de Quinault et par la musique de Lulli, qui fit celle de tous les ouvrages de l'auteur d'*Armide*.

Après la mort de Lulli, la direction de l'Académie royale de Musique passa à ses enfans. Il eut ensuite successivement plusieurs directeurs jusqu'en 1750, que le roi le mit, pour l'administration, entre les mains de M. le prévôt des marchands, sous l'autorité de M. le comte d'Argenson.

En 1763, la salle du Palais-Royal ayant été brûlée, l'Opéra fut transporté aux Tuileries.

Ce fut le 6 avril que fut consumé par les flammes ce théâtre, sur lequel jouaient autrefois devant le roi les acteurs du Marais et de l'hôtel de Bourgogne, et qui fut long-temps occupé par la troupe de Molière, alternant avec les Italiens. A onze heures et quelques minutes du matin, un tourbillon de fumée épouvantable annonça le feu qui embrâsait tout ce côté du Palais-Royal. A midi et demi la salle de l'Opéra et une partie des bâtimens du Palais étaient entièrement détruits.

L'ouverture d'une nouvelle salle d'Opéra, construite sur le terrain du Palais-Royal, se fit le 26 janvier 1770. Cette salle n'existe plus; elle a été, comme l'autre, détruite par le feu.

L'Académie royale de Musique ne resta dans ce nouveau local que onze ans et quelques mois. Lorsqu'elle fut forcée de l'abandonner, elle donna des concerts au château des Tuileries. C'étaient différentes scènes d'opéra, exécutées par les sujets de ce spectacle. Ces concerts furent continués trois fois par semaine, jusqu'au jour où l'Académie obtint la permission d'exécuter sur le théâtre des Menus-Plaisirs, rue Bergère, des petits opéras en un acte. Elle y joua pour la première fois le 14 août, et continua ses représentations en attendant la construction d'une salle provisoire élevée auprès de la porte Saint-Martin. Cette salle a été commencée vers les derniers jours de juillet et achevée en trois mois. L'Opéra en fit l'ouverture le 27 octobre par la première représentation d'*Adèle de Ponthieu.*

Le 22 juin 1791, ce théatre quitta le titre d'Académie royale de Musique pour prendre celui d'Opéra.

Le 8 thermidor an 2, les artistes de l'Opéra firent la clôture de la salle de la porte Saint-Martin, pour occuper celle appartenant à madame Montansier, rue de Richelieu. Peu de temps après, ce théâtre ajouta à son titre celui de National. Il le changea ensuite contre celui de Théâtre des Arts. Le 16 pluviôse an 5, il prit celui de Théâtre de la République et des

Arts, qu'il quitta pour reprendre celui d'Opéra qu'il avait eu à son origine, et enfin celui d'Académie royale de Musique, qu'il occupe encore aujourd'hui.

Nous ne pousserons pas plus loin nos recherches; nous avons seulement voulu faire connaître l'établissement des deux théâtres nationaux. Les autres, beaucoup plus modernes, ne présentent pas le même intérêt. Élevés à des époques différentes, mais quand l'art dramatique était déjà parvenu à une grande hauteur, leur origine n'a rien qui puisse piquer la curiosité.

CODE

THÉATRAL.

Titre premier.

CHAPITRE PREMIER.

DU COMÉDIEN.

Art. 1. On naît comédien, comme on naît poète. Si, dès l'enfance, on ne se sent pas une vocation décidée, on ne sera jamais qu'un acteur froid et médiocre.

Art. 2. Comme, jusqu'à l'âge de quinze ans, il est toujours temps d'embrasser un état quelconque, un homme ne se fera pas comédien, s'il ne se sent pas un peu de l'influence secrète. Je n'en dirai pas autant des femmes : pour la plupart d'entre elles, jouer la comédie n'est qu'un prétexte. Les planches d'un théâtre ressemblent, pour une actrice, à ces planches qui, dans les cafés, servent à fixer des prospectus.

Art. 3. On doit, autant que possible, à moins que l'on n'ait un goût bien prononcé pour tel ou tel emploi, choisir celui qui va le mieux à sa tournure ou à l'air de son visage : ainsi, un homme de quatre pieds dix pouces devra reculer devant les premiers rôles tragiques, de même qu'un gaillard de cinq pieds et demi laissera à d'autres les gentillesses et les roulades de Colin.

Art. 4. Une bonne mémoire est, après la régularité des formes, le don le plus précieux que la nature puisse faire à un comédien. Il est impossible de faire bien sentir toutes les nuances d'un rôle, si l'on a sans cesse l'esprit tendu pour se rappeler ce que l'on doit dire.

Art. 5. C'est une erreur de croire,

ainsi qu'on l'a dit souvent, que l'esprit soit nécessaire pour faire un bon comédien. Chaque théâtre nous offre de nombreux exemples contre la fausseté du principe.

Art. 6. Un comédien doit observer sans cesse. Appelé à représenter toutes les classes et tous les caractères de la société, une exactitude parfaite dans les costumes et les manières, et l'art de savoir se grimer, peuvent seuls nous faire passer sur l'invraisemblance qui doit naturellement nous frapper, quand nous voyons, dans la même soirée, le même acteur jouer le rôle d'un colonel et celui d'un porteur d'eau; nous retracer un étourdi de vingt ans et un vieillard humoriste.

Art. 7. Un comédien sensé n'attendra jamais, pour se retirer du théâtre, que l'âge ait entièrement paralysé son talent. Le public doit être traité comme une maîtresse légère et oublieuse, à laquelle il vaut mieux laisser des regrets que de s'exposer à son indifférence.

CHAPITRE II.

DU DIRECTEUR.

Art. 1. Un directeur est roi sur son théâtre.

Art. 2. Tout roi qu'il est, un directeur, n'étant pas inviolable, doit toujours être poli avec ses sujets : plus d'un s'est repenti d'avoir oublié que l'exactitude ne devait pas être sa seule politesse.

Art. 3. Trop de franchise serait nuisible à un directeur. Pour bien administrer un théâtre, il faut être faux, recevoir tout le monde avec grâce, promettre avec l'intention de ne pas tenir, n'en faire jamais qu'à sa tête, et avoir toujours un prétexte plausible à la disposition des réclamans.

Art. 4. Un directeur n'est pas forcé d'être brave ; le grand nombre d'inimitiés que l'on s'attire dans cette place le justifie d'avance de tout reproche de *faiblesse*. On ne peut pas avoir tous les jours l'épée à la main.

Art. 5. Un bon administrateur doit ménager les journalistes. Le quart, au moins, des lecteurs d'un journal en adopte les avis sans réflexions; et ce quart-là porte son argent au bureau comme les trois autres.

Art. 6. Un directeur doit encourager tous les auteurs, même ceux dont les essais font concevoir le moins d'espérances. Racine avait fait *Alexandre* avant *Athalie*, et M. Scribe nous avait donné *les Dervis* et *la Comtesse Stroun* avant *un Mariage d'inclination* et *la Dame Blanche.*

Art. 7. Un directeur doit revenir le moins possible sur une détermination prise: c'est le moyen de faire respecter ses actes. Que cette nécessité cependant ne l'entraîne pas trop loin, et ne lui fasse pas prendre de l'entêtement pour de la fermeté.

Art. 8. Un directeur doit être galant avec toutes ses pensionnaires, sans montrer de préférence pour aucune. Le peuple comique a la langue pointue, et un directeur a besoin, avant tout, du respect de ses sujets.

Art. 9. Un directeur, s'il est homme de lettres, devra s'abstenir de travailler pour le théâtre qu'il dirige. S'il fait un bon ouvrage, ce qui peut lui arriver comme à un autre, tous les auteurs se ligueront contre lui, crieront à l'injustice, au monopole; et, dussent les recettes de son théâtre en souffrir, il sera bientôt forcé de rayer sa pièce du répertoire, s'il ne veut pas succomber sous le poids des réclamations et des clabauderies.

CHAPITRE III.

DU RÉGISSEUR.

Art. 1. Le régisseur est le ministre du directeur; et c'est bien au théâtre que la responsabilité ministérielle n'est pas une utopie.

Art. 2. Il est deux espèces de régisseurs : le régisseur-général et le sous-régisseur, appelé, en termes de coulisses, *régisseur des bouts de chandelles.*

Art. 3. Le régisseur-général met

les ouvrages en scène, quand il comprend la scène; a une surveillance immédiate sur le personnel du théâtre; en un mot, supplée en tout le directeur.

Art. 4. Le sous-régisseur assiste aux leçons de musique des choristes, surveille le matériel, veille à l'ordre le soir, pendant les représentations, fait entendre la cloche qui, quatre fois avant le lever du rideau, prévient les artistes que l'heure approche, et frappe les trois coups servant de signal à l'orchestre.

Art. 5. Le régisseur a la police du théâtre; il accorde les dispenses pour les répétitions, donne les congés, permet ou défend aux intrus l'entrée des coulisses, et en chasse les chiens.

Art. 6. Un sous-régisseur doit se dépouiller de tout amour-propre, de toute dignité d'homme, et se résigner à souffrir patiemment les sottises de ces messieurs, et la mauvaise humeur de ces dames. C'est le menin du directeur.

Art. 7. Un régisseur qui a le malheur d'avoir de l'âme et de l'éducation, n'a qu'une chose à faire : c'est de renoncer à un métier auquel il ne sera jamais propre.

CHAPITRE IV.

DES RÉPÉTITIONS.

Art. 1. Les répétitions se règlent à la volonté du directeur, qui doit consulter à cet effet les besoins du théâtre.

Cet article ne regarde que les théâtres royaux qui, donnant peu de pièces nouvelles, peuvent ne pas répéter tous les jours.

Art. 2. Dans les petits théâtres, on répète tous les jours deux et quelquefois trois pièces, selon l'urgence.

Art. 3. L'heure des répétitions est indiqué la veille sur un tableau affiché au foyer du théâtre.

Art. 4. Un bulletin annonçant le moment de la répétition est porté, la veille au soir, chez l'auteur de l'ouvrage que l'on doit répéter le lendemain.

Art. 5. Tout le monde doit être exact à une répétition. D'abord il serait fort inconvenant qu'une seule personne en fît attendre dix; et puis l'on serait passible d'un réglement qui, à chaque théâtre, impose des amendes dans certains cas, dont l'inexactitude aux répétitions fait partie.

Art. 6. Le nombre des répétitions pour un ouvrage nouveau ne peut être fixé. L'intérêt du directeur est d'en donner jusqu'à ce que tous les acteurs soient sûrs de leurs rôles.

Art. 7. La veille de la représentation d'une pièce nouvelle, on en fait une répétition générale, à grand orchestre. Cette répétition, destinée à juger l'effet de l'ouvrage, tel qu'il doit être joué devant le public, remplirait parfaitement son but, si les acteurs avaient leurs costumes, s'ils ne causaient pas sans cesse de choses étrangères à leurs rôles, et si des personnes inutiles à l'ouvrage ne traversaient pas continuellement le théâtre, et ne couvraient pas la voix des acteurs par des conversations particulières.

Art. 8. Quelques acteurs s'amusent, pendant les répétitions d'une pièce, à en parodier quelques mots, ou à y ajouter des plaisanteries hasardées. Ces changemens, ou ces additions, se gravent dans leur mémoire en même temps que leurs rôles; et il est arrivé quelquefois que les oreilles des spectateurs ont été singulièrement surprises par de petites *drôleries* qui ont coûté cher à leurs auteurs.

Art. 9. Le régisseur doit veiller exactement à ce qu'aucune personne étrangère au théâtre n'assiste aux répétitions. Les gens qui ne sont pas habitués à juger un ouvrage dépouillé de tout le prestige de la scène, en prennent nécessairement une opinion défavorable qu'ils vont répandre au dehors, et qui peut nuire au succès de la pièce.

CHAPITRE V.

DES MISES EN SCÈNE.

Art. 1. Lors de la mise en scène d'une pièce nouvelle, l'auteur devra donner au machiniste l'indication du décor, et au magasinier la note exacte des accessoires.

Art. 2. L'auteur d'une pièce, sachant mieux que le régisseur le plus exercé ce qu'il a voulu faire, devra venir fidèlement aux répétitions.

Art. 5. Les auteurs mettant eux-mêmes leurs pièces en scène à Paris, l'emploi de régisseur-général y est une véritable sinécure. Ne parlons donc que de la mise en scène en province.

Art. 4. Lorsqu'un ouvrage dramatique, qui a du succès à Paris, parvient dans les départemens, le régisseur-général doit le lire plusieurs fois, pour bien se pénétrer des intentions de l'auteur.

Art. 5. Une fois bien sûr des positions, des entrées et des sorties, le régisseur doit faire manœuvrer sa troupe, sans avoir égard à aucune observation.

En effet, dans les théâtres de province, le personnel se renouvelle chaque année en totalité ou en partie. Les uns arrivent du Nord, les autres du Midi, et chacun d'eux a joué telle pièce de telle ou telle manière. Celui qui est chargé de la mise en scène ne pourrait donc jamais s'y reconnaître, s'il prenait acte de toutes les réclamations.—Je dois entrer par ici. — A Lyon, on entrait par là. — A Rouen, je jouais cette scène à gauche. — A Marseille, elle se joue à droite. — J'ai toujours dit ce mot-là à gauche, je ne pourrai jamais le dire à droite........ Et mille autres réflexions aussi sensées. C'est donc au régisseur à monter l'ouvrage comme il l'entend, si toutefois il peut persuader à des *artistes* que le mot *adieu* se dit aussi bien à droite qu'à gauche.

Art. 6. Pendant les mises en scène, le sous-régisseur doit veiller à ce que chaque acteur soit bien à sa réplique. Si l'on n'apporte pas le plus grand soin à ces petits détails, qui peuvent paraître minutieux, le soir, les entrées languissent, et il n'est pas de moyen plus sûr pour nuire au succès d'un ouvrage.

CHAPITRE VI.

DES CHORISTES.

ART. 1. Les choristes sont à un théâtre ce que les trompettes et les tambours sont à un régiment : ils soutiennent le courage des chanteurs, et, par le bruit qu'ils font, les étourdissent sur les dangers d'une note douteuse ou d'une erreur de ton.

ART. 2. Il y a dans tous les théâtres un maître de musique chargé de stéréotyper dans la mémoire des choristes chaque note de chaque morceau de chant. Je dis *stéréotyper*, car il est fort rare de trouver un musicien parmi ces apprentis-Orphée, qui quittent chaque soir l'échoppe du cordonnier, pour venir étaler sur un théâtre leurs mains sales et leurs bas crottés.

Art. 3. Les choristes ne doivent pas se contenter de chanter; il faut encore que leur pantomime exprime, selon la situation, la douleur, la joie, la terreur, etc.: ce qui, vu leur intelligence ordinaire, est encore pour eux un travail particulier. Cela regarde le metteur en scène.

Art. 4. Les choristes ont assez l'habitude d'avoir entre eux, sur la scène, des conversations particulières, d'après lesquelles leurs visages prennent telle ou telle teinte: ainsi ils éclateront de rire à l'enterrement de *la Vestale*, et s'appitoieront sur la paternelle allocution du bailli du *Rossignol*; ce qui ne laisse pas que d'ajouter prodigieusement à l'illusion théâtrale. Le sous-régisseur devra veiller exatement à de pareils abus.

Art. 5. Dans les théâtres où l'on joue la tragédie, on emploie des *comparses*; ils diffèrent des choristes en ce qu'ils n'ont rien à dire : pourvu qu'ils sachent emboîter le pas, tourner à gauche et à droite, et sortir au moindre signe de *César* ou de *Néron*, ils ont l'intelligence parfaite de leur mission.

Art. 6. Un choriste, figurant ou comparse, comme on voudra le nommer, est parvenu à son apogée, lorsqu'on lui a reconnu assez d'intelligence pour lui confier une lettre qu'il doit apporter en scène en débitant la phrase de rigueur: *Monsieur, c'est une lettre*, etc.

CHAPITRE VII.

DES COSTUMES.

Art. 1. Les costumes sont peut-être la partie la plus importante d'une œuvre théâtrale; leur exactitude peut seule nous identifier avec les personnages, et nous faire oublier que tout ce qui est devant nos yeux n'est qu'une fiction.

Art. 2. Un acteur un peu instruit ne commettra jamais d'anachronisme honteux. Cependant, dans l'intérêt d'une parfaite vérité, il devra faire attention même à l'année pendant laquelle se passe l'action. Les bibliothèques publiques lui fourniront ensuite tous les renseignemens nécessaires.

Art. 3. Tous les acteurs n'ayant pas assez de soin ou pas assez d'amour de leur art pour s'occuper de ces détails, cependant si importans, il serait à desirer que chaque théâtre s'attachât un dessinateur *ad hoc.* Nous avons vu quelques ouvrages pour lesquels le crayon exact et spirituel de M. Henri Monnier avait tracé les costumes, et nous nous sommes convaincu de tout le charme que cette sévérité historique ajoutait à la représentation.

Art. 4. Quand on pense qu'il y a

cinquante ans on jouait *Athalie* en vertugadin, et *Andromaque* en talons rouges; qu'il a suffi de quelques années pour opérer dans le genre tragique une réforme commencée par mademoiselle Clairon et achevée par Talma, on est vraiment surpris de ne pas voir cette réforme salutaire s'étendre entièrement jusqu'à la comédie. N'est-il pas singulier, en effet, qu'en 1829 on voie toutes les actrices jouer *Elmire* et *Célimène* en *manches à gigot* (1)?

(1) Honneur soit rendu à la Comédie-Française : le 15 janvier dernier, jour anniversaire de la naissance de Molière, MM. les comédiens se sont enfin décidés à représenter *Tartufe* avec les costumes de l'époque. C'est à mademoiselle Mars qu'est due cette heureuse innovation. Il appar-

Art. 5. Les comédiennes ont généralement le grand tort de sacrifier la vérité des costumes à leurs avantages extérieurs. Faux calcul : en cinq minutes, l'œil est habitué à la vue d'une jolie femme, et le bon sens est blessé pendant deux heures par une inconvenance de toilette.

tenait à la première comédienne de notre époque, de faire, pour la comédie, ce que notre illustre tragédien avait fait pour l'autre genre. Espérons que cette réforme salutaire s'étendra à tout notre théâtre, et que mademoiselle Bourgoin, en reconnaissant elle-même l'utilité, consentira à sacrifier des toilettes qui font beaucoup d'honneur à sa réputation d'élégante, mais fort peu à son goût comme comédienne.

CHAPITRE VIII.

DU MACHINISTE.

Art. 1. Dans beaucoup de théâtres, on pourrait se passer de directeur, si l'on voulait donner au machiniste l'administration de toutes les machines.

Art. 2. Le machiniste est le chef de tous les ouvriers d'un théâtre : c'est lui qui, sur la note du directeur ou du régisseur, dispose les décors, fait les changemens à vue, charge l'atmosphère d'électricité, fait au tonnerre succéder l'arc-en-ciel; en un mot, on peut dire rigoureusement que, seul, il fait dans un théâtre *la pluie et le beau temps.*

Art. 3. Un machiniste doit être au théâtre du matin au soir; il faut, surtout pour les pièces à féerie, qu'il assiste à trois ou quatre répétitions; l'exactitude, l'ordre et la mémoire, voilà quelles doivent être ses qualités distinctives.

Art. 4. Les destinées de beaucoup d'ouvrages reposent sur le machiniste, bien plus que sur les acteurs. Sans lui, que serait *la Clochette?* que deviendrait *Robin des bois?* où en serions-nous, si, par un excès d'indulgence, il refusait de foudroyer *don Juan?* si, par une sévérité mal entendue, il allait, un beau soir, s'opposer à la résurrection du *Vampire?*

Art. 5. Véritable Jupin de l'Olympe dramatique, le machiniste ne doit rien avoir de terrestre. Commandant aux élémens, regardant en pitié, du haut de son trône de feu, tous ces demi-dieux qui s'agitent sous sa planète, et qu'il va foudroyer sur une ritournelle : quel sort serait égal au sien, si, comme l'a dit Panard, dans sa description de l'Opéra, il n'était pas obligé,

..... Pour lancer le tonnerre,
D'attendre l'ordre d'un valet.

CHAPITRE IX.

DU COSTUMIER.

Art. 1. Les comédiens possèdent tous une garde-robe de théâtre. Il est cependant des costumes, et en très-grand nombre, que l'administration est tenue de leur fournir : de là l'indispensabilité d'un costumier.

Art. 2. Un costumier doit être tailleur. La nécessité où il est de retourner des habits, de les faire aller à toutes les tailles, exige qu'il connaisse à fond ce métier. En un tour de main, il ajuste à un conducteur de nègres l'habit d'un ministre ; à un conseiller d'État, celui d'un imprimeur ; à un président, celui d'un député; à Tartufe, celui de directeur de police.... Et, pour que tout cela ne paraisse pas trop gauche et dure quelque temps, il faut encore de l'adresse. Un bon costumier serait un homme précieux dans un moment de crise électorale.

CHAPITRE X.

DU MAGASINIER.

Art. 1. Le magasinier a sous sa garde tous les costumes et tous les accessoires appartenant au théâtre.

Art. 2. Le magasinier doit avoir un registre où sont inscrits les accessoires nécessaires à chaque pièce du répertoire.

Un seul accessoire oublié embarrasse les acteurs, égaye le public, et compromet le succès d'un ouvrage.

Art. 3. Outre les mets de carton qui surchargent les tables de théâtre, le magasinier doit avoir soin d'en placer quelques-uns d'un peu plus substantiels, ne fût-ce que pour compléter l'illusion. Ces mets se composent ordinairement de viande froide, de crême et de gâteaux.

Art. 4. Le magasisier, devant faire attention aux plus petits détails, évitera de placer sur la table des bouteilles en verre tellement mince qu'elles laissent voir aux spctateurs toute l'horreur du vide. Le moyen le plus simple est de se servir de bouteilles dans lesquelles on a laissé pendant quelque temps séjourner de l'encre (1).

(1) Un acteur de la Comédie Française

Il faut seulement avoir bien soin de jeter le contenu de la bouteille avant de l'apporter en scène, si l'on ne veut pas voir se renouveler l'accident arrivé à M. Milhès, qui débuta, vers la fin de l'année dernière, à l'Opéra-Comique, dans le rôle de *Frontin* du *Nouveau Seigneur*, et à qui l'on fit avaler un demi-verre d'encre pour du Chambertin de dix ans. La méprise avait imaginé de faire bourrer de crêpe noir une bouteille qu'il devait déboucher en scène. Il introduit le tire-bouchon dans le liége; mais la pointe de l'instrument avait saisi le contenu du vase, et l'acteur, qui parlait tout en faisant son opération, ne s'aperçoit de sa mésaventure qu'aux éclats de rire que fait naître l'apparition du signe de deuil.

Un autre acteur, que les habitués du Vaudeville regretteront long-temps, était un peu forte. C'était sans doute un tour de quelque charitable camarade. Le pauvre M. Milhès n'avait cependant pas besoin de cela pour tomber.

M. Hippolyte, avait trouvé un moyen beaucoup plus simple de compléter l'illusion. Dans la scène de table de *Pierrot* ou *le Diamant perdu*, il avait demandé qu'on lui servît en nature la bouteille de vin de Bordeaux et celle de vin de Champagne, indiquées sur la pièce. En effet, il vidait chaque jour ses deux flacons; et grâce à ce *jeton* d'un nouveau genre, il mettait dans la fin de son rôle encore plus de verve et de gaîté que dans le commencement.

CHAPITRE XI.

DU RÉPERTOIRE.

Art. 1. Le répertoire d'un théâtre se compose de tous les ouvrages qui ont obtenu assez de succès pour se jouer pendant long-temps.

Art. 2. Tous les mois, ou au moins toutes les semaines, le directeur doit choisir sur le répertoire les pièces que l'on jouera pendant ce laps de temps.

Art. 3. Les théâtres royaux doivent envoyer tous les huit jours, à M. le gentilhomme de la chambre, sous la surveillance duquel ils sont placés, les pièces qui composeront le spectacle des huit jours suivans.

Art. 4. Dans les départemens, les directeurs doivent également envoyer à l'autorité compétente les pièces qu'ils se proposent de faire jouer pendant une certaine période de temps.

Art. 5. Un répertoire bien arrêté est toujours soumis aux empêchemens qui peuvent résulter des indispositions, et, le plus souvent encore, de la mauvaise volonté de ces messieurs et de ces dames.

Art. 6. Il est très-rare qu'un répertoire, fixé pour une semaine, ne change pas à peu près sept fois.

Art. 7. Que faire pour remédier à cet inconvenient ? Rien, et se soumettre de bonne grâce aux caprices de messieurs les comédiens, dont les directeurs et les auteurs seront toujours les très-humbles valets : c'est trop juste.

CHAPITRE XII.

DU SOUFFLEUR.

ART. 1. Le souffleur est la cheville ouvrière de toute administration théâtrale.

ART. 2. L'art de bien souffler, qui semble n'être rien, est tellement difficile, qu'on ne pourrait peut-être pas citer dix bons souffleurs dans toute la France.

ART. 3. Le souffleur est, plus encore que le régisseur, le martyre d'une troupe. C'est tout simple : il est en contact plus direct avec les amours-propres.

Art. 4. Pour être souffleur, il faut beaucoup d'habitude, une bonne vue, un coup-d'œil rapide, de l'aplomb et de la mémoire.

Art. 5. Lorsqu'un acteur est sifflé pour manque de mémoire, il s'en prend toujours au souffleur, qui est obligé d'endurer patiemment les gourmades du comédien blessé.

Art. 6. Comme un souffleur serait inutile si les acteurs savaient toujours leurs rôles, le devoir de celui-ci est de porter alternativement ses regards de la brochure sur l'acteur; et son talent, de deviner dans les yeux du personnage s'il est ou non sûr de ce qu'il va dire (1).

(1) Dans une ville de province, on avait annoncé *Tartufe* au *Pied-levé*, et les acteurs ayant à peine eu le temps de repasser leurs rôles, avaient recommandé au souffleur de les suivre bien exactement. En effet, dès la première scène, notre homme portait alternativement les yeux sur chaque personnage, en ayant grand soin de dire à chacun : *A vous ! à vous ! à vous !*

J'ai vu un autre souffleur, à laquelle une actrice, manquant de mémoire, disait avec humeur : *mais soufflez donc !* se contenter de lui répondre très-poliment : Je ne demande pas mieux, madame; mais faites-moi l'honneur de me dire où vous en êtes.

CHAPITRE XIII.

DE L'ORCHESTRE.

ART. 1. L'ORCHESTRE est aussi indispensable à un opéra, que les yeux le sont au visage. Seul, il donne à une œuvre lyrique de la physionomie, de l'expression, la vie, en un mot.

ART. 2. Autrefois il était rare de trouver un bon orchestre. Aujourd'hui, le goût de la musique s'est tellement répandu, que l'on rencontrerait difficilement, même en province, un orchestre faible, quoique les exécutans ne soient que des amateurs.

ART. 3. Chaque orchestre a un chef qui doit être musicien consommé, et duquel dépend souvent le succès d'un acteur. Aussi, le chanteur, même le plus difficile à vivre, est-il toujours fort doux et fort aimable avec le chef d'orchestre.

ART. 4. En forçant un peu l'accompagnement, le chef d'orchestre dissimule la faiblesse de voix d'un chanteur qui ne peut pas monter jusqu'à telle note, ou descendre jusqu'à tel ton (1).

(1) Il y a trois ans, à Nantes, la première chanteuse fut prise, quelques ins-

Art. 5. Le bâton de mesure du chef d'orchestre est aux chanteurs ce que le souffleur est aux comédiens : il les guide dans les morceaux d'ensemble, indique à chacun sa partie, et les empêche enfin de se noyer dans ce déluge de notes qui servent à former un finale.

Art. 6. Grétry n'enrichissait pas

tans avant de commencer le spectacle, d'une aphonie complète. Le chef d'orchestre parla et joua sur son violon tout le rôle si long et si difficile de *la Dame Blanche*, pendant que celle-ci ne faisait que remuer les lèvres, de manière à compléter l'illusion. Ce chef d'orchestre est M. Ferdinand Van Den Heuvel, jeune homme doué du plus beau talent et de l'organisation la plus heureuse, et dont la place est marquée à Paris.

l'orchestre aux dépens du chant; il comparait un opéra à une statue dont l'orchestre ne devait être que le piédestal. Aujourd'hui on fait juste le contraire : qui a tort ? qui a raison ? Je n'en sais rien; mais les novateurs ne rendront pas leur cause plus belle, en traitant de *perruque* le compositeur le plus chantant et le plus spirituel dont puisse se glorifier la France.

Art. 7. Le Théâtre-Français possède aussi un orchestre qui nous exécute deux fois par soirée les éternelles symphonies d'Haydn, avec toute la grâce et toute la précision d'un aveugle. C'est une mauvaise plaisanterie dont il serait bien temps que l'on nous débarrassât.

CHAPITRE XIV.

DES BILLETS DONNÉS.

Art. 1. Il y a dans tous les théâtres deux espèces de billets donnés : les billets d'auteur et les billets d'administration.

Art. 2. Les billets d'auteur, faisant partie de la rétribution accordée aux gens de lettres pour leurs ouvrages, jouissent de toutes les prérogatives des billets pris au bureau (1). Il n'en

(1) Il devrait du moins en être ainsi partout ; mais les théâtres secondaires sont

est pas de même des billets d'administration : ceux-ci étant accordés par faveur, et arrachés souvent par l'importunité, les contrôleurs ne se gênent pas pour être fort impolis avec ceux qui en sont porteurs.

ART. 3. Il est encore une troisième espèce de billets donnés : ce sont ceux dont on envoie chaque mois un certain nombre aux journaux. Sur ces

les seuls qui aient donné cet exemple de déférence pour les gens de lettres. Dans les théâtres royaux, où MM. les acteurs, sans doute à cause de leur titre de *Comédiens du Roi*, regardent les spectateurs comme des laquais, les billets d'auteurs sont reçus comme par grâce, et on ne les envoie à leur destination que quand la la composition du spectacle fait présager que l'on jouera devant les banquettes.

billets, le mot *Journalistes* est imprimé en grandes capitales. C'est un avertissement aux contrôleurs, et qui veut dire, en bon français : Soyez polis avec ceux-là ; nous en avons besoin.

Art. 4. Les billets de faveur, que l'on aurait dû supprimer depuis longtemps, et qui entretiennent un véritable fléau, sont ceux que l'on distribue à profusion aux claqueurs à gages, qui en vendent les deux tiers pour boire de l'eau-de-vie, et qui viennent le soir insulter le public, assez simple pour croire qu'il a acheté à la porte le droit d'exprimer son opinion.

Art. 5. Chaque jour on donne un billet à tous les acteurs qui jouent dans la représentation du soir. Ces billets, qui sembleraient destinés à leur famille ou à leurs amis, passent entre les mains des *Chevaliers du lustre*, qui en font l'usage indiqué dans l'article ci-dessus.

Art. 6. Pendant les trois premières représentations d'une pièce nouvelle, l'administration donne à l'auteur de cette pièce un nombre assez fort de billets. Ces billets de faveur, dont l'usage a fait un droit, n'empêchent pas un ouvrage de tomber, s'il est mauvais, et, s'il est bon, sont inutiles à son succès. Mais les applaudissemens résonnent si bien à l'oreille d'un auteur, même quand il connaît la source qui les produit !

Titre deuxième.

ÉCUEILS.

CHAPITRE PREMIER.

DES INDISPOSITIONS SUBITES.

Rien n'est plus commun au théâtre que les *indispositions subites*. Les comédiens sont sujets à tant de maladies que nous ne connaissons pas, nous autres profanes ! les dîners en ville, les parties de campagne, les concerts, les soirées et tant d'autres plaisirs dont nous ne pouvons prendre notre part que lorsque nous sommes en bonne santé; étrange condition des comédiens qui jouent le soir! ils ne peuvent s'y livrer qu'en étant malades. Et malheur au directeur qui viendrait prétendre que lorsqu'on a trotté pendant toute une journée sur un âne à Montmorency, ou lorsqu'on a dansé toute la nuit à un bal, on pouvait bien, *à fortiori*, consacrer deux heures à remplir ses devoirs envers l'administration et envers le public! c'est pour le coup qu'on jetterait de beaux cris! d'ailleurs, on est allé à la campagne pour dissiper une migraine insupportable; au bal, parce qu'un enrouement n'empêche pas de danser. Et si, mécontent de ces raisons, cependant sans réplique, le directeur veut user de ses droits et invoquer l'article des *amendes*, le lendemain, on prend du sirop de gomme et des jujubes, ou l'on se fait mettre trois sangsues au pied. Le moyen, après cela, de douter qu'un acteur soit malade! car, enfin, on ne mange pas du jujube par friandise et on ne se met pas des sangsues par sybaritisme.

Et le pauvre amateur qui, alléché par un spectacle piquant, a dîné de bonne heure, a avalé son potage tout bouillant, et a risqué l'indigestion pour être bien placé, que devient-il en voyant apposée sur l'affiche la fatale bande de papier blanc qui lui annonce un *relâche*, ou qui substitue à l'ouvrage nouveau qu'il voulait voir une vieillerie qu'il sait par cœur? il s'en va en pestant, et, une soirée dont il se promettait tant de plaisir, il va la passer au café Valois, où il lit les journaux, et où il s'établit juge d'une partie d'échecs.

Ce n'est encore qu'un demi-mal lorsque l'actrice *indisposée* a prévenu avant l'ouverture des bureaux. Mais très-souvent ce n'est que quand la salle est remplie qu'un orateur officieux vient vous faire part de l'accident arrivé à sa pauvre camarade, et vous demander d'un air piteux de vouloir bien accepter une pièce en remplacement de celle qu'on devait jouer. Que faire alors? ce que l'on fait toujours : on crie, on tempête pendant une demi-heure, on redemande son argent, ce que l'orateur n'a jamais l'air d'entendre; on finit par se laisser faire, et l'ouvrage substitué est joué au milieu des applaudissemens du parterre et des conversations particulières des loges.

Nous ne connaissons pas de préservatif contre un pareil désenchantement; ce sont de ces petits accidens comme il en arrive mille dans la vie, et qu'il faut souffrir avec résignation, parce qu'on ne peut ni les prévoir ni les empêcher.

CHAPITRE II.

DES OUVREUSES DE LOGES.

Il est beaucoup d'honnêtes gens qui vont rarement au spectacle ; c'est pour eux un plaisir d'autant plus vif qu'il leur est moins permis ; et c'est une véritable fête dans la maison lorsqu'avec de petites économies et le produit du gain à la mouche ou au loto, le petit boutiquier peut, le dimanche, conduire sa femme aux troisièmes loges ou à la seconde-galerie. Muni de sa pièce de cent sous, cachée solitairement dans le gilet de poil de chèvre, il prend sa femme sous un bras, son parapluie sous l'autre, et arrive avant quatre heures devant les portes du théâtre qui ne doivent s'ouvrir qu'à six. Le voilà heureux! il n'y a que cinquante personnes devant lui, à la queue, et qu'est-ce que cinquante personnes réparties dans une salle de spectacle? Il pourra donc choisir une loge en face; il ne perdra ni un coup de théâtre, ni un changement de décors. Pendant le temps qui s'écoule entre son arrivée et l'ouverture des bureaux, il commente le titre de chaque pièce que l'on doit jouer, et son incertitude ajoute encore à son impatience et au plaisir qu'il se promet.

Enfin les portes s'ouvrent : dans la crainte de ne pas entrer, il se cramponne aux personnes qui sont devant lui, au risque de les étouffer, et au milieu des cris : *mais ne poussez donc pas ! mais prenez donc garde, vous m'écrasez !* il arrive au bureau, tire sa pièce de cinq francs qu'on lui échange contre deux cartes avec cinquante centimes de retour, pénètre enfin dans la salle qui était pour lui la terre promise, grimpe les escaliers quatre à quatre en tirant sa femme après lui, et arrive aux troisièmes loges. Elles sont toutes vides. Il les examine les unes après les autres, choisit celle qui lui convient le mieux, et d'un ton impératif ordonne à l'ouvreuse de lui en livrer l'entrée. — Monsieur tout est loué, voyez de l'autre côté. Il ne fait qu'un saut de la gauche à la droite de la salle, et le terrible : *monsieur tout est loué* accueille encore sa demande. — Comment tout est loué! qu'est-ce que cela signifie ? — Monsieur voyez les cartons. Et le pauvre homme se donne la déchirante satisfaction de lire son arrêt sur la porte de chaque loge.

Si notre amateur eût eu un peu plus l'habitude des théâtres, il aurait su que, quand les ouvreuses comptent sur la foule, elles louent toutes les loges à leur profit et ne s'en dessaisissent qu'en faveur d'argumens irrésistibles que le pauvre boutiquier n'était pas en état d'opposer.

Cet impôt que, dans tous les théâtres, on lève ainsi sur la bourse de chaque spectateur, est vraiment révoltant. Il faut donner de l'argent à l'ouvreuse pour se faire ouvrir la loge que l'on a payée au bureau ; il lui en faut encore pour le petit banc qu'elle vient placer d'un air officieux sous les pieds de la dame que vous accompagnez ; il lui en faut pour qu'elle dépose, dans le vestiaire destiné à cet usage, votre manteau ou votre chapeau : il résulte de là que le prix de vos places se trouve presque doublé, et que vous avez dépensé douze francs quand vous comptiez n'en dépenser que huit. Mais quand on conduit une dame au spectacle, il faut en passer par-là. Les ouvreuses font leur métier en vous pressurant faites le vôtre en vous exécutant d bonne grâce, ou restez chez vous.

CHAPITRE III.

DES REPRÉSENTATIONS A BÉNÉFICE.

Je n'ai jamais compris, je l'avoue, cette espèce d'ovation que l'on décerne aux comédiens à la fin de leur carrière. Je sais que, pendant leur vie théâtrale, ils concourent à nos plaisirs, et que ces plaisirs sont d'autant plus vifs qu'ils se renouvellent tous les jours et sous mille formes différentes; aussi suis-je fortement d'avis que l'on n'épargne pas aux acteurs les applaudissemens, quand ils les méritent, d'autant que c'est la seule manière de reconnaître la satisfaction qu'ils nous font éprouver, et qu'ils ont la bonté de s'en contenter avec quelques dixaines de mille francs par année. Mais, que l'on vienne nous dire que le public, cette abstraction si personnelle et si ingrate, s'est portée en masse, par reconnaissance, à la représentation de tel acteur qui se retire, en vérité, cela fait pitié! Je demanderai d'abord quelle espèce de reconnaissance le public peut devoir à un comédien. Il l'a tour à tour amusé, intéressé, ému, tout ce que l'on voudra, pendant une vingtaine d'années; au bout de ce temps, il se retire; mais il a amassé une cinquantaine de mille livres de rente, et il me semble que le public, après avoir contribué à une fortune qui promet au comédien un si bel avenir, est dispensé envers lui de toute reconnaissance. C'est comme si, retournant la proposition, l'on venait dire qu'un acteur doit de la gratitude au public pour la fortune qu'il a acquise au théâtre! Moi, comédien, je vous ai plu par mon talent; vous, spectateur, vous aviez du plaisir à me voir, vous avez payé ce plaisir, rien de plus juste : nous sommes quittes.

Je sais que beaucoup de personnes, envisageant la question d'un point plus élevé, viendront me dire que les comédiens concourent aux progrès et au développement d'une littérature sublime, et que, dès-lors, plusieurs d'entre eux sont de grands artistes qui méritent de traverser les siècles; et ils ne manqueront pas de citer Roscius. Mais est-il bien prouvé que, sans Cicéron, le nom de ce grand acteur fût venu jusqu'à nous? Au surplus, cette question est trop vaste pour notre petit cadre; je laisse à de plus habiles à la discuter et à la résoudre.

J'en reviens à mon plan et aux raisons qui me font regarder comme autant d'*écueils* les représentations à bénéfice.

Huit jours à l'avance, une affiche longue d'une aune engage le public à se tenir prêt pour une solennité dramatique. Mademoiselle Mars doit préter au bénéficiaire l'appui de son admirable talent; madame Cinti-Damoreau fera entendre sa voix ravissante; Paul nous étonnera par ses tours de force; Potier nous fera pouffer de rire par ses spirituelles grimaces... Enfin rien n'y manquera. La moitié de la salle est bientôt louée par ces figures que l'on rencontre partout où doit se trouver la foule, et qui vont au spectacle par ton, non pas pour voir, mais pour se faire regarder. Ceux-là savent bien ce qu'ils font, et ce n'est pas pour eux qu'une telle représentation est un écueil; mais pour ces gens crédules, comme on en voit tant, qui, alléchés par des noms et des titres de pièces, pensent qu'en une seule soirée et dans une seule salle, ils vont assister à tous les théâtres de Paris, et voir tout ce qu'ils renferment de piquant et de nouveau. Après avoir fait queue pendant plusieurs heures, on paie un billet trois fois ce qu'il vaut; on trouve, à grande peine, un petit coin où l'on est serré comme dans un étau; on admire un acte d'une vieille tragédie que l'on sait par cœur; quelques morceaux d'un opéra qui est déjà usé sur les orgues; quelques pas d'un ballet suranné, et l'on rentre chez soi à deux heures du matin, en se demandant ce que l'on a vu, et en bâillant comme Apollon aux classiques vers de M. Baour-Lormian.

Les gens les plus heureux, un jour

de représentation à bénéfice, sont ceux qui, après avoir payé leurs billets, ne peuvent pas trouver de place ; car, si l'on a conservé l'excellente habitude de donner plus de billets que la salle ne peut contenir de spectateurs, on a du moins renoncé aux places de corridor. Cette innovation n'a pas eu assez de succès la première fois pour qu'on ait osé tenter un second essai. C'est dommage : l'idée était fort originale ; elle méritait de rester.

CHAPITRE IV.

DE LA QUEUE.

Qu'on n'aille pas croire, au titre de ce chapitre, que nous voulions parler de cette antique parure, ornement d'un autre siècle, que notre irrévérencieuse jeunesse contemple en riant derrière la tête de quelques stationnaires; ce qui, du reste, rentrerait parfaitement dans notre cadre. Quelquefois, en effet, n'a-t-on pas vu, au théâtre, des jeunes fous priver impitoyablement un chef à nu des quinze ou vingt seuls cheveux qu'eût respectés le temps, et abattre, d'un seul coup de ciseaux, ce portrait vivant d'une mode caduque, qui avait résisté à toutes les oscillations de la politique?

Il s'agit ici de la foule de spectateurs qui attend impatiemment l'ouverture des portes d'un théâtre, et que l'on appelle *queue*, je ne sais trop pourquoi. D'abord, un homme qui se respecte, ne va jamais au théâtre avant l'ouverture des bureaux. S'il craint la foule, il achète un billet le matin, ou le paie, le soir, le double de sa valeur pour entrer à son aise ou sans être foulé. Mais tout le monde n'ayant pas le moyen de payer un billet plus cher qu'au bureau, nous devons prémunir la petite propriété contre *les écueuils de la queue*.

Lorsqu'on donne ce qu'on appelle un *spectacle forcé*, c'est-à-dire, qui doit indubitablement attirer la foule, les avenues du théâtre sont encombrées, dès le matin, d'une nuée de fainéans et de petits polissons qui viennent retenir à la porte des places qu'ils cèdent ensuite aux retardataires au plus haut prix possible. Et vous, pauvre dupe, qui n'allez pas souvent au spectacle, et qui arrivez deux heures avant l'ouverture des bureaux, vous êtes effrayé en contemplant l'immense ruban de queue qui vous a devancé ; vous tremblez de ne pouvoir jamais pénétrer dans la salle, et vous vous estimez trop heureux d'acheter, pour quinze ou vingt sous, une place qui vous abrégera de moitié la distance. Erreur! Si vous aviez examiné attentivement, vous auriez vu que les gens qui sont devant vous ne sont pas de ceux qui peuplent ordinairement une salle de spectacle, excepté, peut-être, le paradis de l'*Ambigu* ou de *la Gaîté*. Que n'attendiez-vous l'ouverture des portes? Cette cohue formidable se serait dissipée comme un songe, et vous seriez entré dans la salle aussi facilement qu'à l'Académie.

La queue présente encore d'autres écueils; mais ils sont communs à toutes les foules en général: les mouchoirs

et les montres escamotés, les côte[s]
enfoncées, les habits déchirés, etc.
Que faire à tout cela? Laisser sa montre chez soi, mettre son mouchoi[r]
dans son chapeau, relever sous se[s]
bras les pans de son habit, mettre se[s]
poings sur ses hanches comme un[e]
femme de la halle en colère, ou n[e]
pas aller à *la queue*.

CHAPITRE V.

DU PARTERRE.

Le parterre est certainement une des places les plus commodes, depuis surtout qu'on y a mis des banquettes. Cependant, prendre un billet de parterre est un des écueils que l'on devra le plus soigneusement éviter. Quand un directeur de théâtre, dont le nom devrait passer à la postérité, a conçu l'idée d'organiser ces bandes soudoyées, dont la mission est de faire réussir tous les ouvrages en dépit du goût, de l'évidence et de la volonté du public, il a bien dû pense[r] qu'un homme un peu propre ne vou[-]drait plus prendre place au parterre[.] Qui ne rougirait, en effet, de se trou[-]ver en contact avec de pareils gens qui sentent d'une lieue l'eau-de-vie e[t] le tabac, et qui parlent argot comm[e] Vidocq ? C'est encore là le moindr[e] inconvénient; mais je vous défie d'en[-]tendre une pièce lorsque vous ête[s] assis auprès d'eux. A chaque mot, c[e] sont des éclats de rire ; à chaque cou[-]plet, des applaudissemens et des tré[-]pignemens d'admiration, dont le ré[-]sonnement couvre pendant cinq mi[-]nutes la voix des acteurs. Et malheu[r] à vous si vous trouvez singulier qu'u[n] mot commun ou un couplet sans se[l] excitent un tel enthousiasme! ils von[t] se lever en masse, crier: *à la porte!* Bienheureux, s'ils ne vous assènent pas quelques coups de poing.

C'est surtout les jours de premières représentations que le parterre est vraiment inabordable. Les rangs des claqueurs sont triplés, l'ordre du jour est plus rigoureux; il faut, dût-on enfoncer quelques côtes ou meurtrir quelques visages, que la pièce réussisse: l'auteur et le directeur le veulent.

Ce qui peut arriver de plus heureux au public, c'est que, comme cela est arrivé quelquefois dans un des théâtres de Paris, celui de tous qui pourrait se passer le mieux de l'ignoble appui des claqueurs, c'est que, dis-je, le directeur remplisse à l'avance, de ces forcenés, toute la capacité de son parterre, et qu'on n'en vende pas un seul billet au bureau. Le public est sûr au moins d'assister au spectacle sans danger; car il n'est pas arrivé encore à ces messieurs d'escalader les loges pour frapper ceux qui les occupent. Mais le siècle marche, ne désespérons de rien.

CHAPITRE VI.

DES LOGES.

Les loges de nos théâtres présentent un autre inconvénient que le parterre : inconvénient d'un genre bien différent, il est vrai, mais qui n'en est pas moins un. Lorsque, pour voir le spectacle à votre aise, vous avez hâté votre dîner, que vous êtes arrivé de bonne heure, et que vous avez payé cinq francs votre billet, vous vous faites ouvrir une loge vide, vous vous placez à la première banquette, et vous attendez patiemment que la toile se lève, en lorgnan les jolies femmes qui, petit à petit, apparaissent dans la salle. En effet, toutes les loges s'emplissent ; seul, vous occupez toute la capacité de la vôtre. On va lever le rideau : deux dames arrivent dans votre loge ; vous vous serrez un peu, et vous avez un voisinage qui pourra charmer les entr'actes. Un instant après, un monsieur entre avec sa femme ; et, comme vous n'êtes pas un mal appris, vous vous empressez de céder votre place à la retardataire. Après tout, l'on voit et l'on entend aussi bien sur la seconde banquette que sur la première. Oui ; mais ces trois dames ont des chapeaux ornés de plumes et de fleurs, qui établissent entre vous et le théâtre un rideau de verdure, fort joli sans doute, mais que vous pouvez admirer tous les jours, beaucoup plus à votre aise, et sans qu'il vous en coûte rien, dans les magasins d'Herbaut ou dans le passage Vivienne. C'est tout au plus si, de temps en temps, vous pouvez saisir à la volée le profil d'un acteur ou le sommet des cheveux d'une actrice. Je sais qu'il y a des gens qui restent imperturbablement assis sur le devant d'une loge, et qui souffrent qu'une dame soit derrière ; mais ce sont des malôtrus dont la vraie place est plus bas, à côté des claqueurs. Vous, qui savez vivre, ne faites jamais la gaucherie, quand vous irez seul au spectacle, de vous mettre dans une loge. Vous avez l'orchestre qui, dans tous les théâtres, est en général bien composé, et où vous ne courez d'autre risque que d'avoir les pieds écrasés par quelques importuns qui ne peuvent laisser passer un entre'acte sans sortir et rentrer deux ou trois fois. C'est encore un inconvénient : mais où trouve-t-on du plaisir sans mélange ?

CHAPITRE VII.

DES DOUBLURES.

Il est beaucoup de gens qui ne vont jamais voir une pièce que lorsqu'elle a été jouée cent fois; ils croient avec quelque raison qu'un ouvrage qui a résisté à une pareille épreuve a un certain mérite. Ils sont sûrs au moins de bien placer leur argent et leur temps, tandis qu'en allant aux premières représentations ils risqueraient souvent de regretter l'un et l'autre. Et puis ces gens-là pensent qu'une pièce qu'ils ne connaissent pas est toujours nouvelle pour eux, eût-elle vingt ans de date. Enfin, ils ont comme cela une foule de manières de voir qui font lever les épaules à un homme du jour.

Leur logique de bon sens peut cependant les exposer à de cruelles déceptions. Les ouvrages dramatiques, ceux même qui ont le plus de mérite, ont besoin, pour ressortir, du jeu des acteurs. Plus une pièce renferme de beautés, et plus elle paraîtra ridicule si elle est jouée par des comédiens sans goût et sans intelligence. Les pièces médiocres peuvent seules se soutenir avec des acteurs médiocres : tout est alors à l'unisson. Aussi, dans leur nouveauté, tous les rôles d'une pièce sur laquelle on a fondé quelque espoir, sont-ils confiés à l'élite d'une troupe ; mais, lorsque cette pièce vieillit, qu'elle a cessé d'attirer du monde, les acteurs en vogue se dessaisissent de leurs rôles en faveur de leurs doubles, et le connaisseur, qui aura vu l'ouvrage dans sa primeur, ne le reconnaîtra pas, joué ainsi.

Les retardataires ne devront donc pas attendre, pour aller voir une pièce qui a eu de l'éclat, qu'elle ait assez vieilli pour que les rôles en soient confiés à des doublures. Ils feront mieux, dans ce cas, de la lire au coin de leur feu : elle leur fera cent fois plus de plaisir, même dépouillée du prestige de la scène, qu'estropiée par des pantins qui ne savent remuer ni les bras ni les jambes, et qui, pour parodier le mot de Rivarol, ne peuvent pas répéter une bonne chose sans en faire une absurdité.

CHAPITRE VIII.

DES HABITUÉS.

Tous les théâtres ont leurs habitués, et même en assez grand nombre. Ce sont de braves gens qui ont acheté leurs entrées à vie, ou qui les ont obtenues par faveur, et d'autres, en plus petit nombre, qui paient tous les jours leurs billets au même bureau. Ces habitués, qui se connaissent tous, ce qui est tout simple, puisqu'ils se voient tous les jours, prennent la salle du spectacle pour centre de leurs réunions, et viennent, sans fa çon, y causer de leurs affaires, ou y conter l'anecdocte du jour. Ne portant pas la moindre attention à ce qu se dit sur le théâtre, parce qu'ils savent tout cela par cœur, ils causent entre eux pendant toute la représentation, aussi à leur aise que s'ils étaient dans leur chambre à coucher, s'inquiétant fort peu de leurs voisins, qu sont venus pour jouir du spectacle et non de leur conversation, quelque spirituelle qu'elle puisse être.

Lorsque les habitués modèrent un peu l'intempérance de leur langue, le paisible spectateur placé près d'eux n'en est pas plus avancé : ils récitent à l'avance les rôles de tous les acteurs et chantent tous les airs, en ayan bien soin d'être toujours en avance de quelques mesures sur l'orchestre, et en battant la mesure avec les talons de leurs bottes. Comme ce sont, en général, des gens bien élevés, ils se taisent à la moindre observation qu'on leur adresse; mais bientôt leur manie reprend le dessus, et ils recommencent de plus belle.

Lorsque l'on a le malheur de se trouver au spectacle en pareille société, on doit bien vite chercher une place à l'autre extrémité de la salle; si l'on n'en peut trouver, il faut se résigner, et voir le spectacle comme un sourd, en pantomime.

CHAPITRE IX.

DES ANNONCES DE JOURNAUX.

Paris possède quinze à vingt journaux qui annoncent chaque matin à leurs abonnés la composition du spectacle de chaque théâtre; ce qui est fort commode pour les gens qui ne sortent pas de chez eux de toute la journée, et qui n'ont pas de domestique qu'ils puissent envoyer consulter les affiches. Vous pouvez de cette manière régler l'emploi de votre soirée, et, sur l'annonce des spectacles, accepter ou refuser un dîner en ville, ce qui est quelquefois agréable, ou un concert d'amateurs, ce qui ne l'est jamais. Vous voilà décidé : la Comédie-Française vous promet *le Misanthrope* et *les fausses Confidences* ; l'élite du théâtre fait les honneurs de la soirée; mademoiselle Mars joue dans les deux pièces : c'est ravissant! Vous faites votre toilette, vous dînez tranquillement à cinq heures, et à six heures et demie un cabriolet vous descend rue de Richelieu. Comme les avenues du théâtre sont désertes! comme tout est tranquille! Les grosses bottes des trois ou quatre gendarmes troublent seules le silence des galeries, et le bureau de distribution des billets est aussi accessible que si l'on donnait une tragédie de M. Jouy. Est-ce qu'il n'y aurait déjà plus de places dans la salle? Vous vous élancez au bureau, vous allez demander un billet de balcon, quand, vos yeux, se portant machinalement sur l'affiche, vous y lisez *le Légataire universel* et *le Dépit amoureux*. Désappointé comme un ministre qui part pour ses terres, vous allez au Vaudeville, qui est le théâtre le plus prochain; vous vous installez à l'orchestre, sans même savoir ce que l'on joue, et vous avalez les trois actes du *Sergent Mathieu*. Le diable emporte les journaux avec leurs annonces!

Le désenchantement que nous signalons ici arrivera régulièrement trois ou quatre fois par semaine à ceux qui s'en rapporteront à l'annonce des spectacles que donnent les journaux. Ce n'est pas la faute de ces derniers : tous les jours, les théâtres envoient dans la matinée à chaque journal l'annonce du spectacle pour le lendemain. Mais de midi à minuit il se passe tant d'événemens au théâtre! (*Voy*. pag. 112, chapitre des *Indispositions subites*.)

CHAPITRE X.

DES QUESTIONNEURS.

Elle est fort jolie cette salle! Ces papiers doivent bien faire ressortir les toilettes! Oh! le beau lustre, Monsieur! est-ce éclairé au gaz, que vous sachiez? — Non, monsieur. — Je vous remercie bien, monsieur. Savez-vous ce que l'on donne? — *Tartufe* et *Valérie*, — Je vous remercie bien... Est-ce joli ces deux pièces-là, monsieur? — Mais oui, monsieur. — Je vous remercie bien... Et quel est l'auteur?... C'est-à-dire, pardon; je sais bien que Valérie est de M. Scribe, c'est avec un de ses billets que je suis venu; mais l'autre... comment donc?... Tartufe? — Eh! c'est de Molière, monsieur. — Je vous remercie bien... C'est un bon auteur, n'est-ce pas, monsieur?... Ah! voilà les musiciens, il paraît qu'on va bientôt commencer... Dieu! la belle musique! De qui est-ce donc cette musique-là? — C'est une symphonie d'Haydn. — Je ne connais pas... Ah! l'on commence,... Comment appelez-vous cette actrice-là? — Laquelle, monsieur? — Celle qui est au milieu, auprès de la vieille. — Mademoiselle Mars. — Ah! est-ce une bonne? — Non, monsieur, très-mauvaise. — Je m'en suis douté en la voyant entrer.... Et ce petit-là qui a un habit tout luisant! — Eh! monsieur, laissez-moi donc écouter. — Ah! c'est juste; pardon, monsieur.... Oh! oh! ce gros-là est-il drôle avec ses bas rouges! Comment l'appelez-vous? — Devigny. — Ah! il a l'air fameux.... Tiens, encore de la musique.... Ah! le calotin! Qui donc est-ce, s'il vous plait? — Périer. — Merci.... Ah! a-t-il l'air jésuite!... Qu'est-ce que c'est donc qu'un jésuite, monsieur? — Monsieur, voulez-vous bien me laisser écouter? — Monsieur, je vous demande pardon... A-t-il l'air d'en tenir pour la dame!... Tiens, il lui offre du jus de réglisse... Je connais ça moi, on en vend de bon chez mon bourgeois de la rue des Lombards. — Monsieur est épicier? —

Oui, monsieur. — J'en étais sûr. — Tiens! l'autre qui se cache sous une table.... Tais-toi donc, tais-toi donc, calotin; l'autre est là. — Silence donc, monsieur! — Ah! c'est vrai..... Déjà fini! Quelle drôle de pièce! Ça ne m'a pas amusé.... J'aime mieux *Desrues*.... Qu'est-ce qu'on va jouer à présent, monsieur? — *Valérie*. — Ah! c'est vrai, j'y pensais plus.... On dit que c'est fièrement joli... Monsieur, si j'allais un peu me promener, croyez-vous que je pourrais rentrer? — Oh! monsieur, je vous en réponds. — Merci, monsieur... Je n'ai pas été long-temps, n'est-ce pas? J'avais une telle peur que ce ne fût commencé... Ah! voilà la musique..... Ça commence..... Comment nommez-vous celle-là.... qui joue l'aveugle? — Mademoiselle Mars. — Ah! oui.... Celle qui joue dans la première pièce... Comment appelez-vous?.... — Oui monsieur. — Merci.... C'est drôle, je ne l'aurais pas reconnue... Comment ce monsieur va lui faire l'opération.. Pauvre femme!..... Ah! la voilà!... Elle voit clair. Dieu! est-ce joli, cette pièce!... Déjà fini!... Est-ce qu'on ne joue plus rien?... Monsieur, j'ai bien l'honneur de vous souhaiter le bon soir.... Vous n'allez pas dans mon quartier, par hasard? — Non, monsieur; oh! tout à l'opposé. — C'est bien dommage; nous aurions fait route ensemble.... Monsieur, jusqu'à l'honneur de vous revoir. — Bonsoir monsieur..... Ouf!....

Titre troisième.

APPLICATIONS.

—

CHAPITRE PREMIER.

DE L'AMOUR-PROPRE CHEZ LES COMÉDIENS.

Un homme qui connaissait bien les comédiens, a dit en parlant d'eux : vous pouvez impunément attaquer leur honneur, convoiter leur femme ; malheur à vous, si vous blessez leur amour-propre. Je n'oserais pas affirmer que cette proposition, qui sent un peu la mauvaise humeur, soit juste dans sa première partie; mais elle est d'une vérité incontestable dans la seconde. La vanité est le mobile de toutes les actions d'un comédien; elle est chez lui un organe à part, une espèce de sixième sens, beaucoup plus délicat que tous les autres. Le *genus irritabile vatum* est un modèle de douceur et de modestie auprès de l'acteur qui croit son amour-propre engagé. Parens, amis, fortune même, idole à laquelle ils sacrifient cependant avec ferveur, tout disparaît devant cette bonne opinion que les comédiens ont d'eux-mêmes, et à laquelle ils sont toujours prêts à immoler leurs intérêts et leurs affections les plus chères.

... L'amour-propre, dans les arts surtout, est un levier puissant. On ne fait rien sans lui : c'est l'amour-propre qui développe les idées, qui en agrandit le cercle, qui nous montre, au bout de nos travaux, un autre résultat que quelques pièces d'or et un ruban rouge : c'est lui qui nous soutient dans cette carrière si ingrate des arts et des lettres, où l'on ne recueille le plus souvent que des ennuis, des chagrins et des inimitiés ; c'est lui qui nous fait apercevoir dans le lointain une postérité, juste appréciatrice du mérite, tribunal d'appel, où les jugemens contemporains sont soumis à une délibération toute équitable, parce que les passions ne sont plus là pour fausser le jugement ; une postérité qui a assigné leur véritable place à Racine et à Pradon, et qui, malgré madame de Sévigné et sa coterie, a prédit à l'auteur d'*Athalie* une immortalité que le café pourrait bien partager avec lui.

Cet amour-propre bien entendu, qui nous dit ce que nous valons et ce que nous pouvons faire, est une qualité indispensable à l'homme qui embrasse une profession libérale : mais tel n'est pas celui qui distingue l'immense majorité des comédiens. Chez eux, c'est cet amour-propre aveugle, frénétique, qui ne tolère pas une observation, qui ne souffre pas une critique, quelque mesurée qu'elle soit; cet aplomb imperturbable, ce contentement parfait de soi-même, qui semble dire à tout le monde : taisez-vous, vous ne savez ce que vous dites ; seul j'ai de l'esprit, du talent, de la raison et du génie.

Que résulte-t-il de cet inconcevable aveuglement ? qu'à quelques exceptions près, les comédiens restent stationnaires ; que vous les retrouvez à leur déclin avec les défauts et les qualités qui ont signalé leurs débuts ; que beaucoup d'entre eux, écrasés, dès leur apparition sur la scène, sous le poids d'éloges inconsidérés, que leur vanité enflait ensuite tout à son aise, ont démenti toutes les espérances que leurs essais avaient fait concevoir, et que tel acteur qui eût pu devenir l'ornement de notre premier théâtre, végète sur une scène secondaire, ou poursuit en province une carrière inaperçue.

Cette vanité ridicule qui, au premier abord, semble ne devoir nuire qu'à ceux qui en sont infectés, est, par le fait, on ne peut plus préjudiciable aux progrès de l'art et aux gens de lettres qui consacrent leurs veilles à des ouvrages dramatiques. Les comédiens, et c'est une conséquence forcée de leur amour-propre, supportent impatiemment les succès de leurs camarades ; tous les lauriers qui ne ceignent pas leur tête les empêchent de dormir, et les applaudissemens qui ne s'adressent pas à eux leur donnent des migraines. Aussi un auteur réussit-il rarement à faire jouer son ouvrage par tous les acteurs auxquels il en destinait les rôles. Tel comédien refuse le sien, parce qu'il n'entrevoit pas une assez ample moisson d'applaudissemens; tel autre est enchanté du personnage qu'on lui confie; il est tout-à-fait dans ses moyens. Mais un de ses camarades a, dans le même ouvrage, le principal rôle de la pièce; les honneurs de la soirée doivent être pour lui : notre homme refuse alors d'accepter ce qui d'abord l'avait ravi. On lui met en avant les intérêts du théâtre, les égards dus à l'auteur; qu'est-ce que tout cela, quand son amour-propre est compromis! On porte alors à la décision des tribunaux une question qui n'aurait jamais dû leur être soumise, parce qu'un directeur devrait être maître de distribuer une pièce comme il l'entend, et qu'un acteur payé pour faire son devoir ne devrait jamais pouvoir reculer devant ce qu'on exige de lui.

Lorsqu'un auteur est parvenu à contenter toutes les exigences du tripot comique, et qu'il met sa pièce en scène, vous croyez sans doute qu'à lui appartient le droit de placer ses personnages, de les faire entrer de tel ou tel côté; qu'il peut dire à un acteur qui se trompe, que telle phrase doit être dite de telle manière, pour avoir tel sens, parce que telle a été son intention à lui auteur, et qu'il sait mieux que personne ce qu'il a voulu dire. Ah bien oui! vous seriez bien reçu, si vous vous avisiez de croire qu'un acteur peut se tromper! Ce n'est qu'à force de ménagemens, de circonlocutions que l'auteur parvient à faire dire un rôle comme il l'a écrit; et la vanité des comédiens le sert encore merveilleusement sous ce rapport. Quand la répétition est achevée, l'auteur va trouver le comédien auquel il a quelques observations à faire; et, après s'être extasié sur la manière dont il a rendu son personnage, sur la grâce de son débit, la finesse de ses intentions, il avance hardiment qu'il n'y a pas la moindre observation à lui faire, et qu'il sera le sauveur de son ouvrage. Une fois que les éloges auront enflé le comédien comme un ballon, l'auteur soumettra à son exquise sagacité, à sa profonde intelligence, les observations qu'il aura à lui faire ; et, enivré par la fumée de l'encensoir, l'acteur fera, à son insu, tout ce que l'on voudra. Seulement il ne faut jamais oublier la formule : *vous avez raison, c'est parfaitement juste.... Mais.....*

Chez les comédiens, comme dans toutes les autres classes, au surplus, la vanité est toujours en raison inverse du talent ; aussi est-ce surtout dans les départemens que cette infirmité morale est curieuse à observer : elle résiste à l'opinion publique, aux sifflets du parterre, qui en est une manifestation si évidente. L'acteur tombé trouve même en elle des consolations que la foi la plus robuste dans son mérite peut seule lui inspirer. Nous en citerons un exemple entre mille.

M. Milhès, dont nous avons déjà parlé au chapitre des costumes, débuta l'année dernière, sans succès, en province, dans l'emploi de *Martin*. Un de ses camarades, M. Fragneau, qui tenait l'emploi de *Laruette*, subit le même sort, et se le tint pour dit.

Plus intrépide, M. Milhès voulut tenter un dernier essai, et il choisit le rôle de *Frontin* du *nouveau Seigneur*. N'ayant pas de redingote couvenable pour son premier costume, il en avait emprunté une à son malencontreux camarade. Après son ariette: *A cet air noble et plein de grâce*, M. Milhès est accueilli par de nombreux sifflets. Rentré dans la coulisse, il s'étonne de cette sévérité à laquelle cependant il devait être accoutumé. Le directeur emploie pour le consoler ce terme banal de cabale, de malveillance, qui ménage un peu l'amour-propre des auteurs et des acteurs tombés. M. Milhès continue son rôle au milieu de la désapprobation générale, et va se déshabiller. Une heure après, il s'approche du directeur. Je sais maintenant lui dit-il, pourquoi ils m'ont si outrageusement traité. — Je vous l'ai dit,

mon ami ; une cabale évidente.....
— Non, non, ce n'est pas cela : ils ont reconnu la redingote de Fragneau. Le mot est devenu proverbe dans la ville où le fait s'est passé ; et maintenant, quand on doute du succès d'un acteur, on dit : *pourvu qu'il ne mette pas la redingote de Fragneau !*

CHAPITRE II.

DE L'ESPRIT DE CORPS ENTRE LES COMÉDIENS.

Les comédiens vivent beaucoup entre eux ; placés, pour ainsi dire, en dehors de la société, ils en forment une à part, dans laquelle il semble régner une union, une gaîté, un abandon bien préférables à ces plaisirs guindés et faux dont nos cercles brillans offrent l'exemple. Dès qu'un acteur nouveau arrive dans une troupe, il est reçu à bras ouverts ; au bout de huit jours, il est de toutes les parties ; le *toi* fraternel a remplacé le cérémonieux *vous* ; enfin tous les acteurs d'un même théâtre ne forment qu'une famille, dans laquelle éclatent sans cesse les témoignages de l'amitié la plus vraie, la plus pure et la plus désintéressée. A les voir réunis, à entendre les expressions amicales dont ils accompagnent toutes leurs phrases, qui ne croirait que ces hommes ont réalisé les mœurs poétiques de l'âge d'or ! Eh bien ! ils jouent encore la comédie.

Ces gens si unis se détestent tous : leurs épanchemens sont autant de faussetés ; leurs protestations autant d'hypocrisies : ils pourraient tous dire comme Néron :

J'embrasse mon rival, mais c'est pour l'étouffer.

Lorsqu'ils vont être séparés, ils vont se déchirer à belles dents; ils ne s'épargneront ni leurs vérités, ni les imputations mensongères, ni les interprétations malignes. Sous cette apparence de franchise et de bonhomie, qui séduit lorsqu'on ne les connaît pas, ils cachent une profonde dissimulation; ils s'examinent sans cesse, prennent acte de leurs moindres actions, et ne se font aucun scrupule de se servir les uns contre les autres des confidences échappées à un moment d'abandon, car ils en ont quelquefois.

Les comédiens ne sont vraiment d'accord entre eux que lorsqu'il s'agit de faire quelque chose de nuisible à l'administration qui les paie. C'est surtout en province que l'on voit souvent des exemples de ce que j'avance. Les directeurs des départemens exploitant le théâtre tout-à-fait pour leur compte, doivent y regarder de plus près et être plus sévères envers les acteurs, que ceux qui, gérant pour des actionnaires, y ont un intérêt bien moins personnel. Aussi les acteurs, pensant avec Lafontaine que

Notre ennemi, c'est notre maître,

détestent-ils cordialement leur directeur, auquel ils sont toujours à serrer la main, et qu'ils accablent d'assurances d'amitié et de dévouement. Aussi, pour bien diriger un théâtre, il faut avoir vécu long-temps avec les acteurs; il faut être accoutumé à leur double face, résister à la sympathie qui pourrait vous entraîner vers quelques-uns d'entre eux, en se persuadant bien qu'aucun d'eux ne vous aimera jamais, les tenir à distance de soi, et se faire obéir. On ne risque rien à se faire craindre des gens, quand on est sûr de ne pouvoir s'en faire aimer.

CHAPITRE III.

DES COMITÉS DE LECTURE.

C'est une institution excellente en elle-même que celle des comités de lecture. L'auteur le plus habitué au succès peut faire un mauvais ouvrage ; un commençant peut débuter par un coup de maître : il est donc nécessaire qu'une réunion d'hommes impartiaux et connaisseurs prenne connaissance des ouvrages que l'on destine à un théâtre, avant de leur laisser courir les chances de la représentation. C'est l'intérêt de l'administration, c'est l'intérêt de l'auteur, auquel on épargne souvent, par ce moyen, une chute humiliante ; enfin c'est l'intérêt du public, à qui cette mesure sauve l'ennui de beaucoup de mauvaises pièces : il en reste encore bien assez malgré cela.

Les grands théâtres seuls ont, dans la formation de leurs comités de lecture, rempli le but de l'institution. Là, siége l'élite de notre littérature dramatique ; là, du moins, on est jugé par ses pairs ; et si le public casse quelquefois les jugemens, toujours est-il que l'auteur trouve dans ces aréopages toutes les garanties desirables.

Il n'en est pas de même dans les

théâtres secondaires. Là, les comités de lecture sont en partie composés des actionnaires de la salle, fort braves gens pour l'ordinaire, ayant même un mérite que l'on trouve rarement chez les hommes de lettres, celui d'avoir de la fortune. Malheureusement ou heureusement, car il faut bien un dédommagement aux pauvres diables, la fortune ne donne pas d'esprit, et il ne suffit pas d'avoir cinquante mille livres de rente pour être appelé à juger du mérite d'un vaudeville ou d'une comédie. L'esprit même ne suffirait pas pour siéger convenablement à un comité de lecture; il faut encore de l'habitude de la scène. Il y a une si grande différence entre la lecture et la représentation d'une pièce, que l'on sera exposé tous les jours à se tromper sur son succès, si, par une grande expérience, on ne devine pas l'effet que doit produire l'ouvrage bien mis en scène. Cela est tellement vrai, que l'on voit tous les jours tomber des pièces où l'esprit pétille, tandis que d'autres, écrites platement et sans gaîté, obtiennent un grand succès qu'elles ne doivent qu'à leur *charpente* et à la manière dont elles sont mises en scène.

Les comités de lecture composés d'amateurs ont encore cet inconvénient qu'ils se passionnent pour deux ou trois auteurs qui ont eu coup sur coup quelques succès, que tout ce qui ne sort pas du cerveau de ces fournisseurs privilégiés n'est à leurs yeux d'aucun prix, et qu'un auteur qui ne travaille que de loin à loin, et dont la figure est inconnue aux membres du docte aréopage, est presque toujours condamné d'avance. Que résulte-t-il de là? Que les théâtres secondaires sont presque tous dévolus à une demi-douzaine d'écrivailleurs à la toise, qui, pour profiter d'un stupide engouement, écrivent, écrivent, écrivent, et inondent la scène de leurs fades productions, qui font fuir le public (1).

(1) Parmi les exceptions, nous devons citer en première ligne le théâtre des Variétés, qui fut trop long-temps la proie des entrepreneurs à gages. Ce honteux monopole, qui a mis plusieurs fois ce théâtre

Du reste, ces juges souverains sont en général des gens de fort bonne compagnie, et qui, s'ils refusent un ouvrage, reçoivent du moins l'auteur avec beaucoup de politesse et d'égards. Ces preuves de bienveillance, qui coûtent si peu à celui qui les donne, et qui font tant de plaisir à celui qui les reçoit, les membres d'un comité ne les prodiguent jamais avec

à deux doigts de sa perte, a cessé quand M. Mira fils a pris les rênes de la direction. Ce jeune homme, plein de tact et de goût, a parfaitement compris que la littérature est un champ ouvert à tout le monde, et que deux ou trois auteurs usés ne peuvent pas soutenir le poids d'un théâtre. Il a appelé à lui les jeunes gens et leurs idées neuves; et les ouvrages qui, depuis un an, ont obtenu de véritables succès, sont dus à des auteurs parfaitement inconnus jusque-là.

plus de profusion qu'à l'auteur dont leur arrêt doit détruire les espérances. Aussi, quand on est un peu familiarisé avec ces donneurs d'eau bénite de cour, sait-on toujours à quoi s'en tenir, lorsque, vous reconduisant avec force salutations jusqu'à la porte, ils vous disent de l'air le plus aimable : *Monsieur, on vous écrira.* Le soir même, en effet, vous recevez du secrétaire de l'administration une lettre portant en substance :

« Monsieur,

» Le comité a entendu avec le plus
» vif plaisir l'ouvrage que vous avez
» bien voulu lui soumettre, et il me
» charge de vous en témoigner sa sa-
» tisfaction. Des couplets spirituels et

» bien écrits, un style vif et piquant
» prouvent qu'en travaillant vous de-
» vez espérer les succès les plus ho-
» norables.... *Mais* peu d'entente de
» la scène, et un sujet déjà traité sur
» plusieurs théâtres, ont fait craindre
» à ces messieurs que votre pièce n'eût
» pas l'heureux résultat que vous
» êtes en droit d'en espérer. J'ai donc
» le regret de vous prévenir qu'il a
» été refusé à l'unanimité.

» Le comité espère, monsieur, que
» vous le dédommagerez de la néces-
» sité pénible où il s'est trouvé de re-
» jeter votre ouvrage, et que vous le
» mettrez à même de seconder les
» dispositions dont cet essai prouve
» que vous êtes doué. »

Il est impossible de dire plus poliment aux gens que l'on ne veut pas d'eux ; et cette défaite me semble encore plus raisonnable que celle de Camerani, qui promettait à un auteur de faire représenter son ouvrage, s'il consentait à changer le personnage d'un oncle en soubrette, sous prétexte que les oncles étaient trop usés au théâtre.

Encore l'apparence des formes met-elle à couvert l'amour-propre et la dignité d'un auteur qui va lui-même lire sa pièce devant un comité. Mais quelles garanties peut avoir un jeune homme qui, n'ayant encore fait représenter aucun ouvrage, n'est pas admis à se présenter devant ce tribunal, et qui est obligé de s'en rapporter au jugement d'un seul homme délégué par l'administration du théâtre. Ce jugement est sans appel, et l'auteur est obligé de s'humilier devant la volonté d'un commis, qui, en supposant qu'il fût apte à prononcer, pourrait encore se tromper souvent. Mais la plupart du temps cet examinateur ne fait que parcourir l'ouvrage en quelques minutes, et juge de son plus ou moins de mérite sur quelques mots et quelques couplets. Je gagerais même que souvent il ne se donne pas la peine de dérouler le cahier, au risque de s'attirer la mystification qu'un jeune auteur fit essuyer au célèbre acteur Molé (1).

(1) Un jeune homme porte un jour à

Le seul parti qu'ait à prendre un jeune homme qui vient de terminer

Molé un gros cahier de papier attaché avec un ruban rose, et le prie de vouloir bien lui donner son opinion sur sa comédie, dans laquelle il lui destine un rôle. L'acteur le remet à huitaine. A cette époque, Molé n'avait pas encore eu le temps d'examiner l'ouvrage. Nouvel ajournement à huit jours. L'homme de lettres est exact. Nouvelles excuses de Molé : mais des affaires pressées, des rôles nouveaux à étudier, ont mis obstacle à sa bonne volonté. Nouveau retard de huit jours pour tout délai. L'auteur se présente. «Monsieur, lui
» dit Molé, votre ouvrage ne peut être joué :
» le sujet en est commun, les caractères mal
» tracés, le style lâche et diffus; je vous con-
» seille de travailler sur une autre donnée.»
L'auteur reprend son manuscrit d'un air confus, le déploie, laisse voir au comédien ébahi un cahier de papier blanc, et sort en éclatant de rire.

un premier ouvrage, est de le porter à un auteur en renom, qui y travaillera ou qui n'y travaillera pas, mais qui, du moins, aplanira les obstacles qui s'opposent à sa représentation. Une fois lancé, le jeune auteur pourra voler de ses propres ailes, et, avec de la morgue, de l'intrigue et les proverbes de M. Théodore Leclerq, gagner, comme tant d'autres, douze à quinze mille francs par année.

CHAPITRE IV.

DES COMÉDIENS BOURGEOIS.

Je ne connais pas de manie plus commune que celle de venir jouer la comédie sur un théâtre bourgeois. Beaucoup de braves gens croient qu'il suffit d'apprendre un rôle tant bien que mal, d'endosser un costume, et de venir ensuite débiter comme une leçon ce que l'on a retenu, pour mériter le titre de comédien. Trompés ensuite par les applaudissemens de leur famille et de leurs amis, car où trouveraient-ils autre part des gens qui consentissent à venir entendre écorcher les vers de Racine ou la musique de Boïeldieu? ils se croient appelés à briller sur un plus grand théâtre, et il ne faut rien moins que les avertissemens aigus du public pour les convaincre de leur erreur, et les faire retourner à leur boutique ou à leur établi.

Paris possède plusieurs petits théâtres, où des grisettes, des ouvriers, des commis-marchands, et jusqu'à des étudians, viennent chaque semaine remuer les bras, les jambes et les lèvres, et rentrent chez eux, convaincus qu'ils ont déployé la profondeur de Talma, la grâce d'Armand et la voix de Ponchard; et je défie que l'on puisse me citer un seul échappé de ces galères dramatiques qui ait obtenu par la suite de véritables succès. Celui qui se sent appelé à briller sur le théâtre, à qui son âme a révélé la secrète influence, ne va pas s'essayer sur des planches bâtardes, avec des hommes dont la gaucherie et l'intelligence à rebours paralyseraient ses moyens. Il étudie les bons modèles, travaille dans le silence, jusqu'à ce qu'enfin, éclairé par les exemples et guidé par le sentiment, il puisse faire profiter le public du fruit de ses études et du bonheur de son organisation.

Il est une autre classe de comédiens bourgeois, plus curieuse à observer que celle que je viens de citer. Elle est composée de jeunes gens qui, ne se destinant pas au théâtre, jouent la comédie par plaisir et par passe-temps. C'est chez ceux-là surtout que le ridicule de la manie théâtrale apparaît dans tout son jour. Critiquant les acteurs de tous les théâtres, ne reconnaissant de talent à aucun d'eux et ne voulant pas les imiter, ils se font une manière à eux qui serait bien la chose du monde la plus comique, si elle ne durait pas si long-temps : mais ils ont en général l'habitude de donner des représentations à suffoquer les spectateurs : j'en ai vu qui ont représenté dans la même soirée *Gaston et Bayard*, *Britannicus* et *le Barbier de Séville*. S'il est quelque chose de plus ridicule que ces gens-là, c'est le public qui les écoute : eh bien ! toujours la salle est trop petite pour contenir ceux qui se pressent à ces parodies théâtrales.

Je citerai un exemple qui prouve quelles sortes de gens composent ordinairement ces troupes d'amateurs. Il est vrai que le fait s'est passé à Bruxelles ; mais les comédiens bourgeois sont les mêmes partout. On jouait *les Comédiens* de M. Casimir Delavigne. Celui qui s'était chargé du rôle de *Granville,* pensant qu'il ne pourrait jamais produire assez de sensation dans ce personnage, se creusa la tête pour trouver des effets qui pussent frapper le public et forcer les applaudissemens. Il commence, et arrivé à ces deux vers :

Le public, dont l'arrêt punit ou récompense,
S'informe comme on *joue*, et non pas comme on *pense*

il se frappe la joue après le premier hémistiche du deuxième vers, e[t] le ventre à la fin du second. Tou[t] l'auditoire éclata de rire, et notr[e] homme resta convaincu que son innovation ferait époque.

Les décors et les costumes sont gé[-]néralement d'accord avec tout l[e] reste: j'ai vu jouer *Zaïre* avec la dé[-]coration de *Haine aux femmes*, et l[e] costume *d'Orosmane*, trop court de si[x] pouces, laissait apercevoir des botte[s] à éperons que l'acteur n'avait pa[s] même pris la peine de faire cirer.

En vérité, tout cela fait pitié! Heureusement c'est une manie fort inoffensive : un homme de bon sens doit seulement se garder encore plus d'une comédie bourgeoise que d'un concert d'amateurs.

—

CHAPITRE V.

DES MÈRES D'ACTRICES.

Le cœur d'une mère est le chef-d'œuvre de la création. Cette vérité qui a été dite bien avant moi, ne souffre heureusement que peu d'exceptions ; et ce n'est pas chez les mères d'actrices qu'il faudrait en aller chercher. Le carlin d'une dévote, l'oiseau d'une religieuse, sont certainement traités avec moins de soins, entourés de moins de petites attentions que ne l'est une actrice par sa mère ; et c'est bien naturel : ces braves femmes n'ont pas d'autre appui que leurs filles. Veuves presque toutes d'officiers supérieurs morts aux armées, qui les ont laissées sans fortune, et que personne n'a jamais vus, qui prendrait soin de leurs vieux jours? où trouveraient-elles une consolation, si, de bonne heure, elles ne donnaient à leurs filles un état honorable, si elles ne leur inculquaient pas les *bons principes*? Aussi dès qu'une jeune personne que l'on destine au théâtre vient d'atteindre ses quinze ans ; lorsqu'à force de privations de tout genre, sa mère lui a donné des maîtres qui la mettent à même de se produire sur le théâtre, cette bonne mère ne la quitte plus. La vertu d'une jeune fille est un roseau si fragile! Les jeunes gens d'aujourd'hui sont si insinuans, si hardis! Comme elle frissonne à l'idée d'une passion qui compromettrait peut-être à jamais le sort de son enfant chéri! Mais elle est là, toujours là. Elle accompagne sa fille chez les directeurs, stipule les clauses de l'engagement, choisit les pièces de début; elle suit la jeune novice à toutes les répétitions, l'encourage de la voix et du geste; enfin, elle ne la quitte pas plus que son ombre : c'est l'innocence sous la garde de la prévoyance et de la fidélité.

Dans les derniers jours qui précèdent les débuts, le cœur maternel s'est révélé à chaque instant par une foule d'attentions délicates : le soulier fourré a remplacé le mince brodequin; des soques tout neufs préservent encore deux pieds mignons d'une dangereuse humidité; de bons consommés, de fines volailles, un vin généreux donnent du ton à l'estomac; les verres d'eau sucrée et les laits de poule entretiennent la voix dans un état de fraîcheur perpétuelle : enfin le grand jour des débuts arrive, et l'enfant gâté se présente avec tous ses moyens.

La mère accompagne sa fille au théâtre deux heures avant que l'on commence. Seule, elle veut présider à sa toilette, et elle doit y mettre tous ses soins. Des souliers de satin, les plus petits que l'on ait pu trouver, emprisonnent avec grâce les petits pieds de la débutante; la ouate et la perkale empesée viennent disputer au temps l'accroissement de certaines formes qui ne sont pas encore parvenues à leur degré de maturité; de beaux cheveux artistement bouclés et symétriquement disposés sur le front, ajoutent à la grâce d'une physionomie à la fois candide et piquante. Enfin, armée de toutes pièces, la novice entre en scène: un murmure flatteur d'approbation vient réjouir, de son bruit monotone, les oreilles de la sensible mère; un succès brillant vient ajouter à son extase; elle voit avec ravissement que ses soins ne seront pas perdus, et qu'elle ne s'est pas trompée en plaçant toutes ses espérances sur la tête de son enfant chéri.

Enfin, la nouvelle actrice fait partie du théâtre; elle a un état, la voilà lancée. Mais là ne s'arrêtent pas la surveillance et les soins maternels. Tous les soirs la maman est là, suivant sa fille dans chaque coulisse et observant jusqu'à ses moindres mouvemens. Si quelque auteur, quelque comédien, quelque jeune habitué vient papillonner autour de la jeune personne, elle roule des yeux irrités, lui fait un rempart de son corps, et répond pour elle lorsqu'on lui adresse la parole. Que pourrait en effet espérer sa fille de pareilles connaissances? L'auteur promet des rôles nouveaux; le comédien offre ses services pour en faire répéter d'anciens; mais tout cela ce ne sont que des prétextes pour entamer une liaison : la mère le sait, elle ne le veut pas et elle saura bien l'empêcher.

Enfin un monsieur raisonnable, d'un âge rassurant, a entendu faire l'éloge de la jeune actrice; il veut la protéger, lui être utile; et la mère, qu'il a fait prévenir de ses bienveillantes intentions, consent à le recevoir. Il s'informe avec intérêt de la position de ces dames : une jeune demoiselle qui commence la comédie n'a pas des appointemens bien forts; les frais de toilette sont très-coûteux, et, même en y mettant la plus stricte économie, il doit être bien difficile de joindre les deux bouts. La maman, attendrie par l'air de bonté du monsieur, convient de tout cela; elle avoue même que les sacrifices qu'il lui a fallu faire pour l'éducation de sa fille, lui ont fait contracter quelques dettes qui la tourmentent beaucoup; si elle eût voulu, elle serait fort heureuse : vingt personnes ont déjà offert à sa fille une voiture, des cachemires et des diamans; mais sacrifier cette pauvre enfant, si jeune, si délicate, ce serait un meurtre ! D'ailleurs, elle veut la marier; elle a déjà refusé plusieurs partis; mais elle ne veut pas contraindre l'inclination de sa Paméla; une tendresse réciproque fait seule les bons ménages; elle en sait quelque chose ; elle aimait tant son pauvre mari ! aussi elle ne cesse de le pleurer depuis que, frappé à mort sur le champ de bataille de Lutzen.... Ah! Dieu!

Le vieil amateur a écouté tout cela d'un air touché; il veut réparer tous les malheurs de l'intéressante famille. D'abord, elle ne peut pas rester dans un si petit appartement : ces meubles sont trop simples..... Il va s'occuper d'arranger cela.

Il revient le lendemain. La jeune actrice, prévenue à l'avance, assiste cette fois à la réunion. Elle est sensible, autant que sa mère, à tout ce qu'on veut bien faire pour elle. L'appartement est tout prêt; ces dames peuvent s'y installer quand elles le voudront, et elles le veulent tout de suite. Une jolie petite chambre pour l'actrice; une autre, à l'extrémité de l'appartement, pour la mère; un salon, une salle à manger, enfin rien n'y manque, et tout cela est meublé avec un goût! Dans la commode, un cachemire, des robes, des dentelles; dans le secrétaire, un rouleau de cent louis; dans la chambre de la maman, un schal de bourre de soie, des étoffes et une belle tabatière. Le brave homme!

Les nouveaux locataires sont installés depuis trois jours, et le monsieur bienfaisant ne manque pas de venir chaque matin leur rendre sa visite. En personne bien apprise, la mère se retire chez elle aussitôt qu'il arrive; les soins du ménage la réclament; sa fille joue le soir, et il faut dîner de bonne heure.

La bonne femme s'est un peu relâchée de sa surveillance; elle n'accompagne plus que rarement sa fille au théâtre; elle a confiance en elle; et puis le monsieur la ramène presque tous les soirs. Elle est souvent couchée quand ils arrivent, et le lendemain matin il se trouve toujours une tasse de chocolat de trop, dans le cas où le protecteur serait venu sans avoir déjeuné.

Enfin la tendre mère jouit du sort

le plus heureux : mangeant bien, dormant bien, sa vie se passe exempte de soucis et de tracas, juste récompense de ses soins et de sa tendresse pour sa fille. Aussi répète-t-elle souvent à ses voisines : cet enfant-là me donne bien de la satisfaction !

CHAPITRE VI.

DE LA CENSURE.

La censure est indispensable pour les ouvrages dramatiques. Tout le monde est de cet avis, et les quolibets dont elle est si souvent le but s'adressent beaucoup plus à la manière dont la mesure est exercée qu'à la mesure elle-même. Les hommes ne sont pas assez maîtres de leurs passions; les Français, surtout, se laissent trop facilement aller au plaisir de faire une épigramme et de verser le ridicule, pour qu'on leur laisse entre les mains une arme aussi dangereuse que la liberté du théâtre. Un ouvrage ne s'adresse qu'à une seule personne à la fois; et si quelques mots piquans et satiriques jusqu'à l'injure font sourire le lecteur, l'effet qu'ils produisent est sans danger, parce qu'il est isolé: c'est une bombe lancée dans le vide. Il n'en est pas de même d'une représentation théâtrale. Au spectacle, le rire a la rapidité de l'étincelle électrique; une épigramme, une personnalité a des échos dans les quatre coins de la salle; les applaudissemens moqueurs, les éclats d'une gaîté ironique accueillent tout ce qui blesse une sommité ou un principe, et jettent le trouble dans une réunion que le plaisir seul avait convoquée.

Aussi des censeurs qui se borneraient à ne retrancher d'une pièce de théâtre que ce qui est évidemment dirigé contre des personnes et des choses sacrées, ne mériteraient-ils que des éloges. Mais loin de là : ces messieurs épurent dans l'intérêt de leurs coteries et de leurs intrigues, s'embarrassant fort peu de tout le reste. Ainsi vous ridiculisez dans un vaudeville les tragédies classiques modernes ; un censeur en a fait recevoir deux à la Comédie-Française : supprimé. Vous immolez dans un couplet ces gens qui cumulent quatre ou cinq places sans en remplir aucune ; un censeur se trouve dans ce cas-là : supprimé. Vous mettez en scène un ministre honnête homme ; c'est une épigramme indirecte contre celui qui paie les censeurs : supprimé. Et voilà ce que l'on appelle agir dans l'intérêt de l'autel et du trône.

Ce serait une chose fort curieuse à relever que les suppressions de la censure, avec les motifs que ses membres ont donnés à l'appui. On se rappelle encore avec ravissement l'observation de ce censeur, dans une pièce où un jardinier proposait à son maître une salade de barbe de capucin, et qui biffa la phrase, en mettant gravement en marge : *choisir une autre salade ; il ne faut pas plaisanter avec la religion.*

Les censeurs ont été souvent la dupe

de petites mystifications assez plaisantes ; car, malgré leurs yeux de lynx, ils ne voient heureusement pas tout. Nous n'en citerons que deux exemples :

Dans une pièce jouée il y a quelques années au Vaudeville, une femme de chambre, confinée avec sa maîtresse dans un château retiré, se plaignait de cet isolement dans un couplet terminé par ces quatre vers :

> Mais seule, hélas! dans ce réduit,
> Quel chagrin d'être renfermée !
> Moi qui m'étais accoutumée
> A voir du monde jour et nuit !

Le rigide censeur voit dans ce couplet une atteinte aux mœurs et l'efface de son encre rouge. L'auteur, forcé de se conformer à l'ordre suprême, quelque ridicule qu'il soit, refait son quatrain de cette manière :

> Mais seule, hélas! dans ce séjour,
> Quel chagrin d'être renfermée!
> Moi qui m'étais accoutumée
> A voir du monde nuit et jour.

Le passage ainsi changé est porté à la censure, où on l'approuve, et la pièce se joue sans que le dangereux couplet produise la moindre sensation.

Un auteur venait de finir, pour une pièce qui devait être jouée le lendemain, un vaudeville final fort piquant. Le matin même de la représentation, l'ordre est apporté au théâtre de ne pas chanter un mot de ces couplets, qui étaient entièrement supprimés. L'auteur est fort embarrassé; il n'a pas le temps d'en faire d'autres, et d'ailleurs les acteurs ne pourraient pas les apprendre pour le soir. Il court chez un censeur, s'informe au domestique de l'heure précise du dîner de son maître, et, une fois bien au fait des habitudes de la maison, il recopie son vaudeville tout entier et textuellement, en marge même de la feuille où il avait été supprimé. A cinq heures précises, il arrive chez le censeur, juste au moment où notre homme se mettait à table : Monsieur, je vous apporte un vaudeville final en remplacement de celui que l'on m'a biffé. — Ne pourriez-vous pas revenir? Je vais me mettre à table.... — Impossible, monsieur, la pièce se joue ce soir, et je n'ai pas une minute à perdre. — Diable! eh bien! voyons.... vous avez refait d'autres couplets, n'est-ce pas? — Vous voyez, ils sont entièrement récrits à côté de ceux qu'on a retranchés.—Allons, allons, c'est bien; et le censeur qui voyait avec douleur se refroidir le potage, appose son *visa*, sans jeter les yeux sur le manuscrit.

Du reste, nous parlons ici de la censure telle qu'elle s'exerçait sous le ministre Villèle; elle est maintenant beaucoup moins méticuleuse. M. de Martignac, en homme d'esprit et en ministre adroit, a rendu au théâtre des franchises qu'on lui avait bénévolentement retirées, et, malgré cette condescendance, le trône est respecté, l'autel est debout, et les mœurs ne sont pas plus dissolues qu'il y a deux ans. (1).

(1) Nous croyons devoir donner ici, comme étant parfaitement à sa place, une chanson tout-à-fait inconnue, puisqu'elle n'a été insérée que dans les *Soupers de Momus*, intitulée : *le Censeur dramatique*. Elle est de MM. de Courcy et Rousseau.

Air : *Alerte ! alerte !*

Je coupe, je coupe,
Je taille et rogne des deux mains
La troupe, la troupe
Des écrivains.
Oui, je tranche comme une Parque
Tous les bons vers que je remarque;
A disséquer toujours dispos,
J'ai, contre tous les à-propos,
Les ciseaux d'Atropos.
Je coupe. etc.

En exigeant maint sacrifice,
Aux auteurs nous rendons service;
Un jour chacun d'eux pourra bien,
N'ayant jamais publié rien,
  Être académicien.
    Je coupe, etc.

Mais comme aussi je fais des pièces,
Soumis aux humaines faiblesses,
Sur les autres prompt à frapper,
J'ai toujours soin, sans me tromper,
  De ne pas me couper.
    Je coupe, etc.

Nous faisons de tous nos confrères
De vrais eunuques littéraires :
Par nous opérés, les auteurs
Ne peuvent plus des chastes sœurs
  Obtenir les faveurs.
    Je coupe, etc.

Grâce aux bienfaits de ma censure,
Je peux exploiter la rognure;
Chaque vers par ma plume ôté
Me fait, pour ma célébrité,
  De l'esprit de côté.
    Je coupe, etc.

On dit que nos danseurs ingambes
Ont tout leur esprit dans les jambes;
Nous, par des procédés nouveaux,
Nous avons, grâce à nos travaux,
   L'esprit dans nos ciseaux.
     Je coupe, etc.

Pour couper les lourds mélodrames,
Nous faisons repasser nos lames;
On a vu s'enrichir soudain
Un coutelier, notre voisin,
   Du faubourg Saint-Germain.
     Je coupe, etc.

Souvent, du moins, lorsque j'efface,
Je mets quelque chose à la place;
L'ouvrage, dont on eût parlé,
Est par moi changé, mutilé,
   Et l'ouvrage est sifflé.
     Je coupe, etc.

Après mes exploits mercenaires,
Vraiment il ne m'importe guères
Qu'un pauvre auteur soit aux abois,
Si je touche, comme autrefois,
   Mes cinq cents francs par mois.
     Je coupe, je coupe,
Je taille et rogne des deux mains
   La troupe, la troupe
     Des écrivains.

CHAPITRE VIII.

DES VAUDEVILLISTES.

Il est fort difficile aujourd'hui de se choisir un état ; il est plus difficile encore de se faire comprendre au nombre de ces heureux du siècle qui, en grossoyant quelques feuillets par jour, ont part à l'immense gâteau que l'on nomme *budget*. Les quinze années de paix qui se sont succédé en France, et qui menacent de s'accroître encore d'autant, ont augmenté la population d'une manière effrayante, et ont jeté dans la circulation des milliers d'existences que l'industrie, malgré ses immenses progrès, a bien de la peine à défrayer. Une profession mécanique répugne au jeune homme qui a reçu quelque instruction ; le commerce souffre d'une concurrence que chaque jour voit augmenter; il faut être millionnaire pour se faire notaire ou avoué ; quel parti reste-t-il donc à prendre à celui qui ne peut être rangé dans aucune de ces catégories ? Un seul; et tous ceux qui l'embrassent s'en trouvent bien : c'est de se faire *vaudevilliste.* Il y a vingt-cinq ans, on ne connaissait pas cet état-là ; on ne prenait pas ses inscriptions au Parnasse aussi facilement qu'à l'école de droit ; une vingtaine seulement de jeunes auteurs, qui avaient reçu quelque peu de l'influence secrète, exploitaient le domaine de la littérature chantante; ils faisaient, de ce travail, plutôt un amusement qu'un métier, et formaient une petite république exempte de haine et de rivalité. Aujourd'hui, on a changé tout cela : on prend l'état de vaudevilliste comme celui de courtier, ou de marchand de draps. De l'esprit, voilà la seule mise de fonds nécessaire: quand on ne peut pas la fournir, on s'adresse à des associés qui l'apportent, et on vole ainsi de compagnie à une immortalité viagère qui finit souvent avant vous.

Cinq ou six cents auteurs défrichent

aujourd'hui les théâtres secondaires; et comme le nombre de ces théâtres n'est pas en rapport avec celui des fournisseurs, il en résulte des jalousies, des haines, enfin un état de guerre permanent, dans lequel l'intrigue et l'importunité remportent presque toujours l'avantage.

Les deux tiers au moins de ces entrepreneurs d'esprit ne savent ni le français ni l'orthographe; aussi dit-on proverbialement: *ignorant comme un vaudevilliste.* Mais ils suppléent ces connaissances, qui paraissent au premier abord indispensables, par des qualités physiques qui ont bien aussi leurs avantages: de l'activité et de bonnes jambes. A l'affût de tous les ouvrages qui doivent paraître, ils en achètent le premier exemplaire, le lisent en quelques heures, souvent même ne le lisent pas, le portent à un, deux, ou trois de leurs confrères qui se chargent d'en extraire un vaudeville, et se trouvent ainsi de moitié, de tiers ou de quart, dans une pièce qu'ils ne connaissent pas avant la première représentation. Ils répètent ce petit manége-là dix à douze fois dans l'année, se forment ainsi un répertoire nombreux à plusieurs théâtres, et se donnent à tout propos, avec l'aplomb le plus imperturbable, de *l'homme de lettres*, qui un beau jour les conduit à une place de bibliothécaire ou d'historiographe (1).

(1) Cette illustration manque encore à

Beaucoup de MM. les vaudevillistes ne sont pas fort scrupuleux sur les moyens d'enfler leur petite réputation. Écoutez chaque auteur d'une pièce nouvelle : si elle réussit, c'est toujours celui qui vous parle qui a tout fait; il n'y est pour rien si elle tombe. Cette petite mauvaise foi est excusable jusqu'à un certain point, chez des gens qui veulent à toute force faire croire à leur esprit ; mais ce qui est vraiment de la dernière turpitude, et ce que je puis affirmer parce que je le sais, c'est que des

M. G....., employé dans une administration, et qui, pour se donner du relief parmi ses camarades, s'écrivait deux ou trois fois par semaine des lettres qu'il jetait à la poste, et sur la suscription desquelles il mettait : *A M. G....., gens de lettres.*

auteurs ont payé pour faire siffler des confrères dont les succès leur portaient ombrage. D'autres travaillent à des journaux, et se donnent ainsi le petit plaisir de louer leurs œuvres et de déchirer celles des autres (1).

Quoiqu'il ne soit pas difficile, comme on le voit, d acquérir le titre de vaudevilliste, il est cependant des gens qui, malgré tous leurs efforts, n'ont jamais pu parvenir à attacher leurs noms à une fraction de pièce.

(1) Plus sensé, et surtout plus délicat, un de nos plus spirituels vaudevillistes cessa de travailler pour le théâtre le jour où il fut chargé, dans un journal, des articles spectacles. Comme un de ses amis lui reprochait ce qu'il appelait de la paresse : Mon cher, lui dit-il, lorsqu'on tient les verges, il ne faut pas montrer son c...

De ce nombre est M. B..., que tout Paris peut voir au café des Variétés. Las d'importuner vainement tous les auteurs pour qu'ils travaillassent avec lui, il se décida à faire des pièces tout seul. Il arrive un jour triomphant devant une table où se trouvaient plusieurs vaudevillistes : « Je sais » maintenant, leur dit-il, comment on » fait une pièce : on prend du papier » in-folio, on le ploie en deux dans sa » longueur; on n'écrit que d'un seul » côté, et l'on met scène première, » scène deuxième, etc., jusqu'à la fin. » Vous voyez que j'en sais autant que » vous. » Dit par un autre, le mot pourrait passer pour une fine épigramme; mais on connaît M. B..., et ce n'est qu'une bêtise.

Les vaudevillistes sont doués en général d'un amour propre fort robuste, et qui souffre impatiemment la critique. Lorsqu'on se permet de trouver leurs pièces mauvaises, ils répondent spirituellement : *Faites-en autant!* Dans la crainte qu'ils ne m'adressent leur objection ordinaire, je leur rappellerai ce mot d'un de leurs confrères qui avait de l'esprit, cette fois-là (1) : « Tous les jours nous voyons » à la Cour d'assises des gens en ju- » ger d'autres qui ont volé ou assas- » siné, et cependant ils ne seraient » pas capables d'en faire autant. »

(1) M. Dupin, auteur d'une cinquantaine de vaudevilles, parmi lesquels on peut en citer dix ou douze fort jolis, *qu'il a composés* en société avec M. Scribe.

CHAPITRE IX.

DU CONSERVATOIRE.

Le Conservatoire est d'invention toute moderne. On ne connaissait pas dans le dernier siècle cette singulière école, où l'on a la prétention d'animer des statues. Pour réussir dans l'art dramatique, comme dans tous les arts en général, il faut avoir de l'âme: jamais un comédien ne pourra exprimer les passions, rendre les émotions fortes ou tendres, s'il n'a pas reçu du ciel une âme capable de les éprouver. Les professeurs du Conservatoire pourront, à force d'exercice, corriger une prononciation vicieuse, donner du ton à une mémoire indolente; mais jamais ils ne parviendront à faire un bon comédien, parce qu'il n'est pas plus donné à l'homme d'échauffer l'âme de son semblable, qu'il ne lui a été donné de la créer. Si, par hasard, ce que j'ignore, quelque bon acteur est sorti de cette école de perroquets, c'est qu'il était né comédien; et il n'eût pas eu moins de talent quand il se serait privé des leçons de messieurs tels et tels, qui devraient bien commencer par tâcher d'acquérir eux-mêmes les qualités qu'ils veulent donner aux autres.

Lorsqu'un jeune homme qui se destine au théâtre entre au Conservatoire,

on lui fait apprendre les chefs-d'œuvre
de nos grands maîtres, on les lui fai
répéter sans cesse, on lui donne tou
tes les inflexions de voix, toutes le
attitudes d'un modèle qui pose devant un peintre. La mémoire la plu
dure doit nécessairement finir par re
tenir tout cela. Enfin, quand son ap
prentissage est terminé, il débute pa
un des rôles qu'on lui a serinés pendant deux ou trois ans, et il y est tou
jours supportable : c'est tout simple
c'est un pantin tenu par des fils, et qu
n'obéit qu'à la main qui le dirige. Mai
lorsqu'il faut jouer un rôle nouveau
c'est autre chose : le pantin, privé du
guide qui le fait mouvoir et obligé de
remuer tout seul, est fort embarrassé
il fait les gestes tout de travers, di

les mots à contre-sens, et l'on s'en étonne : Il sort pourtant de l'*École royale de musique et de déclamation!* dit-on tout de suite. Eh! c'est justement pour cela qu'il ne vaut rien. En le conduisant sans cesse à la lisière, vous lui avez appris à se méfier de ses forces; et lorsque ensuite vous voulez qu'il marche seul, il tombe : cela devait être.

Une foule d'exemples viennent à l'appui de mon opinion. Lorsque mademoiselle Mante, sortant du Conservatoire, débuta, il y a quelques années, au Théâtre-Français, elle fit presque révolution : des louangeurs sots et maladroits allèrent jusqu'à dire que mademoiselle Mars était égalée;

on confia à cette petite merveille un rôle dans une pièce nouvelle, et quelques heures suffirent pour la rabaisser à la hauteur de ses camarades du Conservatoire.

Personne ne se rappelle, sans doute, un jeune homme nommé Victor, qui jouait, il y a trois ou quatre ans, des troisièmes amoureux au théâtre de Madame, et qui ne pouvait pas dire deux mots de suite sans se faire rire au nez. Eh bien! ce jeune homme avait remporté au Conservatoire le premier prix de comédie.

J'ai connu un jeune homme qui, après avoir passé deux années au Conservatoire, dans la classe de M. Baptiste aîné, n'en avait retiré d'autre avantage qu'un nazillement assez prononcé qu'il n'avait pas en y entrant.

Aucun des acteurs qui, dans quelque genre que ce soit, ont honoré la scène française, n'avait pris les leçons de *maîtres de génie*. Obéissant à une impulsion plus forte qu'eux, enflammés de ce feu inné et créateur qui faisait dire à Gilbert : *donnez-moi des pinceaux*, ils ne demandaient d'inspirations qu'à leur âme, parce qu'elle seule peut exprimer les passions dont elle est le foyer.

CHAPITRE X.

DU BIENFAITEUR.

Il est une foule de gens tellement passionnés pour l'art dramatique, qu'aucun sacrifice ne leur coûte pour en assurer les progrès, et être utiles à ceux qui les cultivent. C'est surtout pour les jeunes débutantes, pour les timides novices qui viennent de s'essayer sur le parquet glissant d'un théâtre, qu'ils se plaisent, dans l'intérêt de l'art, à aplanir les difficultés sans nombre qui entourent les premiers pas dans la carrière. Démarches près des directeurs, supplications à l'autorité, leur fortune même, ils offrent tout à la jeune fille sans appui, qui, grâce à lui, fera peut-être un jour la gloire et l'ornement du théâtre.

Et qu'est-ce qu'un protecteur demande pour cela? rien, absolument rien : il ne veut que rendre service, développer de belles dispositions. Si, après cela, on croit lui devoir quelque reconnaissance, eh bien! l'on verra.

Tout a réussi au gré du bienfaisant amateur: la jeune actrice a un bon engagement, la voilà sur la route des succès. En attendant que ses appointemens la mettent à même de faire figure, il fait tous les mois quelques économies qu'il apporte exactement, toujours dans l'intérêt de l'art, à la jeune comédienne.

Le bienfaiteur s'est enhardi : il a osé demander un peu plus que le plaisir de rendre service. Après bien des refus, la reconnaissance l'a emporté, et il est devenu l'ami de la maison.

Chaque jour il vient s'informer de la santé de sa protégée; mais il ne peut jamais parvenir que jusqu'à la femme de chambre. — Madame est au bain; madame est allée à la répétition; madame vient de sortir pour faire des emplettes; madame a une migraine affreuse, elle ne peut recevoir personne. Le dernier jour de chaque mois, par exemple, il est bien sûr de trouver madame; elle est charmante avec lui, se plaint de ce qu'on ne le voit pas, et sans attendre sa réponse, lui montre des garnitures de robes, des bérets et autres chiffons qui l'ont ruinée. Quand l'ami de la maison a déposé sur la toilette la gratification mensuelle, elle a toujours une affaire qui la force de le renvoyer.

Le protecteur trouve cela fort extraordinaire, et il a tort. On est toujours reconnaissant de ces bienfaits ; mais, comme l'a dit si poétiquement M. Dubois, dans je ne sais plus quel vaudeville :

Un bienfait nous séduit, nous anime,
Un bienfait nous conduit à l'estime,

Mais je crois qu'on peut dire sans crime,
Un bienfait n'inspire pas l'amour.

C'est justement ce qui est arrivé à la jolie comédienne. Un jeune auteur qui ne pousse pas l'amour de l'art jusqu'à pensionner des actrices, lui a donné un rôle charmant qui l'a fait briller, et de là, le désappointement du bienfaiteur pendant vingt neuf jours du mois.

Le richard a fini par se douter de quelque chose, et il s'est prudemment retiré. Ce qui lui est arrivé, il en arrivera autant à tous ceux qui *protégeront* des actrices; ce qui n'empêche pas que l'on ne voie que cela partout, parce que en cela, comme en beaucoup d'autres choses, la plupart des gens riches payent fort cher le plaisir de se faire moquer d'eux.

CHAPITRE XI.

DU COLLABORATEUR.

Il n'est rien de plus plaisant que ces gens dont j'ai déjà parlé dans le chapitre *des Vaudevillistes*, et qui veulent à toute force être auteurs. Toujours en route, se trouvant dans tous les endroits où se réunissent ordinairement les gens de lettres, se mêlant à toutes les conversations, prenant leur part de toutes les idées des autres, ils s'engagent dans trois ou quatre pièces pour lesquelles on n'eût certainement pas été les chercher.

Il en est un (très-connu parmi les vaudevillistes, et qui est le type de ceux dont je parle. Il arrive à huit heures du matin chez un auteur. — Comment! encore couché! eh bien! et notre pièce; allons! allons! lève-toi bien vite! as-tu réfléchi au plan? — Oui, j'ai déjà des masses... — C'est très-bien; habille-toi; allons déjeûner et nous verrons tout cela. On arrive au café des Variétés. Le collaborateur mange comme deux, pendant que l'autre lui explique le plan et les détails qui en peuvent ressortir. — Très-bien, très-bien, dit le collaborateur en avalant un verre de rhum... Il faut s'y mettre tout de suite. A demain; et il sort, en oubliant qu'il devrait être aussi de moitié pour payer la carte.

Le lendemain, même exactitude ; l'auteur lui lit ce qu'il a fait, et le collaborateur trouve tout charmant. Cependant, dit-il, je crois qu'il manque ici quelque chose ; il faudrait un joli couplet, hein ! qu'en dis-tu ? Cherchons ensemble..... tra la la la la... Eh bien ! tu ne trouves pas ? — Attends, m'y voilà ; et l'auteur lui chante le couplet. — Bravo ! bravo ! J'étais bien sûr qu'à nous deux nous trouverions cela tout de suite.

Enfin tout l'ouvrage se fait de cette manière, et l'auteur est bien heureux quand son collaborateur ne va pas partout, disant : *ma pièce.*

Voilà un trait qui vaut encore

mieux que cela : Un vaudevilliste, après avoir été pour moitié ou pour un tiers dans une quinzaine de pièces, veut un beau jour en faire une tout seul. A cet effet, il s'adresse à un auteur sur l'esprit et la bonhomie duquel il pouvait compter. — Mon cher ami, je veux faire un vaudeville à moi seul; tant qu'on n'a travaillé qu'en société, il y a des gens qui peuvent douter de votre esprit et de votre talent; en travaillant seul, au moins, je prouverai ce que je sais faire. Venez donc demain chez moi, je vous en prie. L'autre est exact au rendez-vous, et, tout en le faisant causer, son ami parvient à lui arracher un sujet. — Vous devriez bien me débrouiller cela d'ici à quelques jours….; je suis fort occupé, et c'est un vrai service que vous me rendrez. Le pauvre auteur revient au bout de huit jours avec la pièce écrite en prose d'un bout à l'autre. L'auteur qui l'a faite tout seul la lit. — Il y a des choses qui sont bien ; mais cela, par exemple, vous conviendrez que c'est détestable. Si je fais une pièce seul, je veux qu'elle me fasse honneur. Remportez cela, corrigez et dépêchez-vous. M***. fit ainsi l'ouvrage entier, et *son ami* la fit jouer sous son nom, et toucha seul l'argent qu'elle rapporta.

UN BAL

CHEZ MADEMOISELLE MARS.

Il existe à Paris, dans le quartier de la Nouvelle Athènes, une maison délicieuse, que le luxe, le goût et les arts se sont plus à embellir de tous leurs prestiges. La reine de ce petit palais en fait les honneurs avec une grâce enchanteresse. Ses portes s'ouvrent principalement aux gens de lettres et aux artistes; joignez à cela quelques grands seigneurs et des jeunes gens distingués, et vous aurez une idée de la société qui se réunit dans les salons de mademoiselle Mars; société la plus agréable et la plus remarquable dans son ensemble qui soit à Paris.

Toutes les fois que mademoiselle Mars joue, une table de plusieurs couverts est dressée chez elle à minuit, et les amis intimes, les habitués de prédilection y trouvent un petit souper fin que viennent égayer pendant deux ou trois heures les bons mots et des vins exquis. Ces délicieuses réunions, qui rappellent exactement les soupers d'autrefois, sont de fondation chez notre grande comédienne, et le petit nombre des élus rend plus précieuse pour eux la faveur qui les y convie.

Mais quelquefois aussi de grandes soirées, des fêtes brillantes appellent une réunion plus nombreuse, et toujours quelque chose de neuf, de *trouvé* attire le plaisir et la gaîté, si rares dans les salons où l'on se presse. On en aura la preuve par la description que je vais faire d'un bal masqué chez mademoiselle Mars au carnaval dernier.

Une mascarade tout entière représentait *l'Olympe* parodié. Voici les noms et les costumes les plus saillans des personnes qui y figuraient :

M. Isabey fils était en Jupiter; il

tenait à la main une foudre en chien-
dent.

M. Vatry, agent de change, représentait Minerve.

M. Romieu était en Hébé, la tête
ceinte d'une couronne de raisins de
Corinthe; sur le dos, une fontaine de
marchand de coco.

M. de La Valette, en Mercure; costume de postillon.

M. Cournand, en Neptune; costume
d'une ouvreuse d'huîtres.

M. de Montessuy, mort dernièrement en Grèce, à Égine, près de
M. Capo-d'Istria, en Vénus.

M. Amable de Girardin, en Mars :

il avait un casque de pompier et une queue à la prussienne.

M. Schérer, en Amour; costume exact de l'opéra de 1750.

M. Bertin, fils du propriétaire du *Journal des Débats*, en Écossais.

M. Bidault, en Hercule.

M. Vatout, en Diane.

M. Marin, ancien aide-de-camp du général Piré, en Zéphir; des ailes au dos et une perruque à marteau.

M. Bequet, rédacteur du *Journal des Débats*, en abbé coquet.

M. Firmin, de la Comédie-Française, en berger de trumeau.

M. Carmouche, en Alsacienne.

Madame Carmouche (mademoiselle Jenny Vertpré), sans contredit la meilleure comédienne de Paris, après mademoiselle Mars, avait son costume de madame Pinchon, du *Mariage de raison*.

M. Mazères était en Rochester, de *la Jeunesse d'Henri V*.

M. Coupigny, en pêcheur.

M. Etienne, en domino fait avec des affiches de spectacle.

Beaucoup d'autres personnes de distinction assistaient à cette fête si originale : on remarquait entre autres M. le baron Rotschild, M. le duc de Mouchy, M. Jouy, M. Casimir Delavigne, M. Gérard, le célèbre peintre, M. Dupin aîné, M. Horace Vernet, M. Carle Vernet, M. le duc de Maillé, etc.

La fête a commencé par des couplets.

L'Olympe a ensuite dansé un quadrille.

MM. Charles Plantade et Isabey, tous deux en Gille, ont fait pouffer de rire par une parade de leur composition.

Enfin, un souper admirable et

aussi bien entendu que tout le reste, a terminé cette délicieuse soirée qui, comme toutes celles données par mademoiselle Mars, laissera autant de souvenirs que son admirable talent.

ANECDOTES.

M. Thibouville, autrefois jeune et joli Colin de province, et maintenant acteur chez Franconi, a toujours eu la vue très-basse. Un jour il jouait *Paul*, dans l'opéra de *Paul et Virginie*; et, comme il possédait son Bernardin de Saint-Pierre, il était persuadé que *Paul* ne portait pas de lunettes. Au grand finale du deuxième acte, *madame de La Tour*, quoique beaucoup plus vieille, étant à peu près semblable à *Virginie*, surtout pour un miope, voilà mon *Paul* qui au lieu de saisir dans ses bras l'amante qu'on veut lui ravir, s'empare de cette bonne *madame de La Tour*, qui au milieu du fracas de la musique et des chœurs, lui criait vainement « Mais tu te trompes; ce n'est pas » moi qui suis ton amante. » Avis aux Colins qui ont la vue basse.

Ce même jour, tout semblait conspirer contre ce pauvre drame de *Paul et Virginie*. Le machiniste était tout fier d'avoir imaginé un nouveau roulis de vaisseau, qui devait, disait-il, compléter l'illusion, et faire croire que l'intéressante *Virginie* lutte contre des flots véritables. Mais ce que tout le monde ne sait pas, c'est que, pendant que *Virginie* endosse la robe de toile cirée, qui doit faire croire qu'elle sort de l'eau, une fausse *Virginie*, une figurante, revêt promptement le premier costume de la jeune créole, et s'expose, pour vingt sous par jour, au feu du ciel lancé du cintre, à la fureur de la mer, que les garçons de théâtre remuent comme un tourne-broche, et enfin au magnifique ballottement du vaisseau, que, le jour dont il est question, le machiniste voulut diriger lui-même. Enchanté de l'effet miraculeux de son vaisseau, il se plaisait à bercer assez rudement notre pauvre figurante. Le public enchanté bat des mains à qui mieux mieux ; le machiniste ne se possède plus : il donne à la pauvre remplaçante les plus violentes secousses, et se complaît tellement dans son chef-d'œuvre, qu'il ne s'aperçoit pas que la véritable *Virginie* est, depuis long-temps déjà, apportée sur le devant de la scène, tandis que celle du vaisseau, au lieu de faire fondre en larmes, termine gaîment la soirée.

Autrefois, dans toutes les villes de province, l'acteur chargé des bas-comiques, des niais, des *Trial*, des *Brunet*, des Jocrisses enfin, était obligé de jouer dans la tragédie des rôles de confident. Un d'eux, M. Perceval, ne manquant pas de talent, mais rien moins que tragique, fut chargé, dans une représentation donnée par Larive, d'un petit rôle dans *Andromaque*. Il pria vainement le grand tragédien d'en choisir un autre ; celui-ci le reçut assez mal et l'envoya promener. Perceval prit la chose à la lettre, et ne vint pas le soir s'acquitter de son rôle, dans lequel on fut obligé de le remplacer. Le spectacle finissait par *la Clochette*, petit opéra en un acte, dans lequel jouait notre comique. On sait que, dans cette pièce, un mouton a le rôle principal. Le boucher qui le fournissait au théâtre était l'ami de Perceval. Il va dîner chez lui, et se charge de conduire au théâtre le garçon qui doit y mener le mouton. Perceval choisit l'homme le plus bête de la boutique, l'emmène lui et son mouton, et les installe tous deux dans un cabaret voisin du théâtre. — Attends-moi là, je vais venir te reprendre. Il monte au théâtre : on en était au cinquième acte de la tragédie. Il s'empresse d'aller chercher ses deux bêtes. — Viens vite, dit-il au garçon ; le directeur est en colère, il crie après ton mouton. Perceval guette le moment où *Oreste*, dans ses fureurs, dit :

Pour qui sont ces serpens qui sifflent sur vos têtes ?

— Voilà le directeur : va lui porter ta bête. Notre garçon, croyant qu'on est vraiment en colère contre lui, entre en scène, et dépose aux pieds de Larive l'innocent mouton, en disant : *Le vl'à, not' bourgeois ; ne gueulez pas si fort.* Qu'on se figure la rage du tragédien ! Il tombe sur le garçon boucher, il tombe sur le mouton. Les juremens énergiques d'*Oreste*, les cris de l'un, les bêlemens de l'autre, les éclats de rire du public, tout cela faisait un bruit ! Pendant ce temps, Perceval s'était promptement habillé pour la pièce qu'il devait jouer, et, de l'air le plus calme, et qui contrastait avec tous les autres, il demande d'un air étonné : « Que » vous est-il donc arrivé, M. Larive ? » Faites donc jouer la tragédie aux comiques !

Honoré, qui a débuté à Paris dans les rôles de Potier et qui tient cet emploi à Bordeaux, vint un soir annoncer au public qu'un de ses camarades était indisposé, et prier qu'on voulût bien en accepter un autre dans le rôle que le malade devait jouer. Le public prenait assez bien la chose, lorsqu'un monsieur placé à l'orchestre se leva, et exigea que l'acteur annoncé parût *mort ou vif.* Alors Honoré, du ton le plus poli : « Ma foi, messieurs, moi » qui suis payé pour dire des bêtises, » je n'aurais pas trouvé celle-là. «

Madame Dorsan, débutant au Vaudeville dans le rôle d'Honorine, hésite à un passage de son rôle qui demandait du mouvement et de la vivacité. Le souffleur ne lui donnant pas assez vîte le mot qui lui échappe, elle s'écrie : « Vous dormez!... allez donc, » monsieur; quand on est dans un » trou, c'est pour y faire quelque » chose, ou on en sort. »

Des comédiens nomades, arrivant dans une ville de province pour y donner quelques représentations, vont soumettre au maire le premier spectacle, composé de *l'Amant bourru et de l'Epreuve villageoise.* Le maire accorde la permission, en réclamant une loge pour lui et sa famille; mais le lendemain, M. le maire, après avoir lu l'affiche, défend la représentation. Grande rumeur parmi les comédiens. Un d'eux est dépêché vers l'autorité, qui le reçoit fort mal : « Monsieur, vos » deux pièces de ce soir sont en vers » *libres*, et ma famille ne doit pas en- » tendre de paroles *libres*. » Après bien des peines pour faire comprendre au magistrat ce qu'on entend par *vers libres*, le *veto* est levé, et le spectacle a lieu. La comédie de Monvel commence, et le souffleur joue les trois quarts de la pièce. Le maire est furieux. « Vous ne savez pas vos rôles ! » s'écrie-t-il ; et les administrés de M. le maire font chorus avec lui, en criant : « Vous ne savez pas ! vous ne savez » pas ! » Et le rideau tombe au bruit des sifflets. Un instant après, il se relève. *L'Amant bourru* vient annoncer au public que le dimanche suivant on donnera un spectacle choisi qui commencera par *le Philosophe sans le savoir* : « Du tout, du tout ! s'écrie M. le » maire ; sans le savoir ! je ne le » souffrirai pas. » On fut encore obligé de faire comprendre au spirituel fonctionnaire que *le Philosophe sans le savoir* est le titre d'une pièce de Sedaine. Il faut vraiment trop d'érudition pour être maire d'une ville où se trouve une salle de spectacle.

Un des principaux acteurs de la Comédie Française, connu par un nazillement assez prononcé, assistait un jour, comme membre du comité, à la lecture de la pièce d'un jeune auteur. La pièce est refusée; et au nombre des motifs que le comédien allègue pour son compte : « Votre ouvrage » est mal écrit, dit-il à l'auteur; un » style prétentieux, plein de recherche et d'affectation! Il faut avant tout » écrire comme on parle. C'est fort » bien, dit l'auteur; mais alors vous qui » parlez du nez... » On pense quelle explosion de gaîté cette saillie fit naître dans le tribunal comique ; mais quoiqu'il eût fait rire ses juges, l'homme de lettres n'en perdit pas moins sa cause.

Mademoiselle Regnault, aujourd'hui madame Lemonnier, donnant des représentations à Marseille, fut la cause involontaire d'un hommage bien innocent et bien impromptu à la musique vraie de Boïeldieu. Le soir même, mademoiselle Regnault devait jouer le rôle de *la jeune Femme colère* dans la pièce de ce nom. Une vieille domestique, que son hôtesse lui avait procurée, était convenue avec sa jeune maîtresse de lui porter sa clé au théâtre. Elle était là depuis quelque temps, lorsqu'arrive le beau quatuor où *la jeune Femme colère* demande : *la clé, la clé, je ne l'ai pas, je ne l'ai pas*. Et sur-le-champ la vieille domestique d'accourir en scène, et, faisant une belle révérence à made-

moiselle Regnault : « Ne vous fâchez
» pas, madame, c'est moi qui *l'a* ;
» vous le savez bien. » Le trait fait au‑
tant d'honneur au talent de l'actrice
qu'au génie du compositeur.

Un auteur comparait un jour un
vaudeville à un brasier. Il faut, di‑
sait-il, un sujet abondant en situa‑
tions : c'est la grosse bûche du fond ;
ensuite des couplets et des détails
spirituels et piquans : ce sont les pe‑
tits fagots qui produisent la flamme
et les étincelles. M. Lepeintre aîné,
acteur du Vaudeville, qui avait écouté
cette définition alambiquée : « Votre
» comparaison est d'une grande jus‑

» tesse, dit-il à l'auteur, d'autant
» mieux que souvent tout cela finit
» par *descendre*. »

Dans une de ses nombreuses tournées départementales, mademoiselle Georges donna quelques représentations dans je ne sais plus quelle petite ville, où elle excita le plus vif enthousiasme. Les amateurs, le jour de sa clôture, qu'elle faisait par le rôle de Didon, voulurent lui décerner une ovation : à cet effet, ils s'entendirent avec le machiniste, et il fut convenu qu'au moment où elle monterait sur le bûcher, une couronne de laurier, de roses et d'immortelles, descendue du cintre, viendrait se poser sur la tête de l'amante d'Enée. En effet, le signal est donné; mais le machiniste, se trompant de corde, fait arriver sur la figure de l'infortunée Didon la seringue de Pourceaugnac. Mademoiselle Georges, entendant des éclats de rire dans une scène où elle avait l'habitude d'arracher des larmes, lève les yeux, et voit l'instrument léniti qui, comme l'épée de Damoclès, était suspendu sur sa tête royale.

Mademoiselle Mars, entrant un jour au comité de la Comédie-Française, oublie de fermer la porte derrière elle. Thénard, qui jouait le

rôles à livrées, lui dit avec humeur :
« Fermez donc votre porte, madame;
» vous n'avez pas ici de domestique. »
— « Je sais, Monsieur, lui répond
» mademoiselle Mars, que depuis
» long-temps il n'y a plus de valets
» à la Comédie-Française. »

Dans une petite ville de province, on avait affiché *la Femme à deux maris*. L'acteur qui devait jouer le rôle du père aveugle, s'étant trouvé subitement indisposé, on vint proposer au public une pièce en remplacement de celle annoncée. Le parterre ayant refusé tout arrangement, un acteur s'offrit à lire le rôle. Cette proposition fut acceptée, et on eut le curieux spectacle d'un aveugle lisant, sinon fort bien, du moins fort couramment.

M. Bernard, ancien directeur de l'Odéon et de l'Opéra-Comique, maintenant directeur à Marseille, a été pendant quelques années directeur du théâtre royal à Bruxelles. Cette ville possède une autre salle appelée *Théâtre du Parc*, où l'on ne joue que le samedi, et où l'on ne peut représenter que des vaudevilles. Un jour que plusieurs acteurs étaient indisposés, M. Bernard ne put afficher que quatre pièces tellement usées, qu'il prévit tout de suite, en directeur expérimenté, qu'on jouerait devant les banquettes. Un autre aurait pris son parti : mais M. Bernard tenait à sa recette. Il donne l'ordre que l'on transporte sur des chariots, au théâtre du Parc, toutes les tentures et toutes les draperies dont on décore le pérystile et les escaliers, quand la famille royale assiste à la représentation, et qu'on les mette en place. On les y laisse pendant plusieurs heures, et on les remporte. On ne doute plus dans Bruxelles que les augustes personnages ne doivent se rendre le soir au théâtre; la foule se presse aux portes, et une ample moisson de florins vient récompenser M. Bernard de sa *roustissure* (1).

Le même M. Bernard, un jour que le public s'impatientait et demandait à grands cris qu'on levât la toile, mit le cadran de sa montre au trou du rideau, en criant : « Messieurs, il n'est pas sept heures ! »

Lorsque Lepeintre aîné tenait l'emploi des comiques à Bordeaux, il

___
(1) Terme de coulisse, qui veut dire finesse, attrape.

joua le rôle de *Pinson* dans *Je fais mes farces*. La pièce fut cruellement sifflée. Aussitôt le rideau baissé, M. Lepeintre donne ordre qu'on le relève; il s'avance après les trois saluts d'usage; on fait le plus grand silence : « Messieurs, dit M. Lepeintre, c'est » encore une farce; » et il se retire au milieu des éclats de rire et des bravos. Ce lazzis a relevé la pièce, qui a été jouée depuis avec beaucoup de succès.

Les musiciens d'un théâtre de province étaient en procès avec leur directeur qui les accusait de ne pas savoir accompagner une ariette et qui, sous ce prétexte, refusait de payer leurs appointemens. La cause ayant été portée devant les tribunaux, tous les musiciens s'y trouvèrent, et s'étant rangés derrière le barreau, donnèrent, à l'appel de leur cause, une sérénade aux juges, et avec tant de force et de précision, que leur avocat n'eut pas besoin de plaider. Le président ordonna au directeur de remplir ses engagemens envers son orchestre.

Un compositeur, faisant répéter son opéra, entendait depuis long-temps un acteur qui, à chaque motif, s'écriait : C'est pillé! c'est pillé! Impatienté, le musicien veut le mettre à la porte : une lutte s'engage, et le pauvre compositeur retourne chez lui avec son habit en lambeaux. Un de ses amis le rencontre : — Comme te voilà fait! lui dit-il. — Tu vois : comme un homme qui revient du *pillage*.

Un jeune auteur soumettait dernièrement à un directeur le plan d'une tragédie en cinq actes : « On veut du
» neuf maintenant, lui disait-il ; — eh
» bien ! je vous réponds que l'on sera
» servi à souhaits. Enfin, pour vous
» donner une idée de l'effet que doit
» produire mon ouvrage, je vous di-
» rai seulement que tous les person-
» nages meurent au troisième acte. —

» Très-bien! mais alors quels sont les
» acteurs des deux derniers actes? —
» Les ombres de ceux que j'ai tués au
» troisième. »

Mademoiselle B........, actrice de la Comédie-Française, se présente un matin chez une de ses camarades : « Madame ne peut vous recevoir, dit » la femme de chambre; elle a passé » la nuit au bal, et elle est encore » dans les bras de Morphée. — Ah, » la malheureuse! s'écrie mademoi-» selle B........, elle a encore fait une » nouvelle connaissance! »

Un de nos meilleurs acteurs tragiques a commencé par être apprenti chez un libraire. La lecture des pièces de théâtre lui avait fait prendre goût à cet art; il apprenait sans cesse des rôles, et les répétait le soir dans la boutique, représentant les personnages par des chaises. Un soir qu'il jouait le rôle d'*Alexandre*, il avait pris un grand tabouret pour figurer *Clytus*. Lorsqu'il en fut à l'endroit où le jeune monarque tue le vieux général, il donna un coup si violent sur le meuble, avec le bâton qui lui servait d'arme, qu'il le fit voler en éclats avec un bruit épouvantable. Effrayés, le libraire et sa femme descendent pour s'informer de la cause de ce tapage. « N'ayez pas peur, leur dit avec un

» grand sang-froid le jeune apprenti
» ce n'est qu'Alexandre qui vient de
» tuer Clytus. »

Mazurier, que l'on regrette à Paris, et Laurençon, que l'on ne regrette pas à Bruxelles, auraient été de bien petits garçons dans le dernier siècle à l'époque où vivait Grimaldi, surnommé *Jambe-de-Fer*, danseur italien. Dans ses débuts à Paris, en 1742 il avait parié qu'il s'éleverait à la hauteur des lustres, ce qu'il exécuta; et du coup qu'il donna dans celui du milieu, il en fit sauter une pierre au visage de Mehemet-Effendi, ambassadeur de la Porte, qui était dans la loge du

Roi. Lorsque Mehemet sortit du spectacle, Grimaldi se présenta devant lui, dans l'espoir d'obtenir quelque récompense; mais il fut battu par les esclaves de l'ambassadeur qui prétendaient qu'il avait insulté leur maître, et manqué de respect à la majesté ottomane.

La femme de ce Grimaldi faisait partie d'une troupe de comédiens engagés pour donner quelques représentations à la cour de l'électeur de Cologne. Ils étaient arrivés tous ensemble à Bruxelles avec leurs équipages, et se disposaient à continuer leur route, lorsqu'on les avertit que les chemins étaient infestés de brigands. Ils méprisèrent cet avis. Mais à peine étaient-ils sortis des faubourgs de la ville, qu'ils furent enveloppés sur la chaussée de Louvain par une cinquantaine de bandits qui les entraînèrent dans le bois. Ils furent dépouillés à l'instant. On ne laissa aux femmes que leurs chemises et un simple jupon; on fit ensuite ranger tous les comédiens en cercle, à genoux, et la face tournée vers le centre, en attendant que l'on décidât de leur sort. Pendant que l'on enfonçait les coffres à coups de sabre et de hache, un ancien libraire, qui avait quitté son état pour se faire comédien, se leva, et, comptant sur le pouvoir de son éloquence, fit une harangue latine au capitaine des voleurs pour implorer sa miséricorde. Celui-ci l'écouta froidement ; et quand l'orateur eut terminé son discours par un *dixi*, il lui allongea un coup de sabre, en répondant *feci*. Comme le coup n'avait fait qu'une égratignure, il allait redoubler, lorsque son attention fut détournée par un cri perçant et un spectacle singulier. Madame Grimaldi voulant s'épargner la vue du sang de son camarade, avait pris brusquement à la main son jupon et ce qui s'y trouvait d'adhérent, pour s'en couvrir le visage en guise d'éventail, et s'offrait aux yeux du capitaine dans le même état que ces généreuses Spartiates se présentèrent à leurs fils qui revenaient en déroute d'une bataille. « Ah! mon cher

» monsieur, s'écria-t-elle, épargnez
» mes camarades, et prenez-moi pour
» victime, vous, et tous vos braves
» soldats. » Le chef des voleurs, désarmé par ce trait d'éloquence naturelle, fit un éclat de rire, remercia l'actrice de ses offres charitables, ordonna que l'on mît les comédiens en liberté, poussa même la générosité jusqu'à faire donner aux hommes quelques vieux manteaux et tabliers de soubrettes pour les couvrir, et fit distribuer aux femmes des habits de caractère au lieu de leurs robes. Madame Grimaldi eut en partage un costume d'Arlequin, trop étroit de moitié ; les autres endossèrent des costumes tout aussi bizarres, et ce fut dans ce triste et comique équipage

qu'ils poursuivirent leur route et firent leur entrée à Louvain, en excitant tout à la fois les ris, la compassion et la charité.

Des comédiens de province avaient affiché la tragédie de *Rhadamiste et Zénobie*, avec le nom de l'auteur, comme cela se fait toujours. A la représentation, lorsque l'acteur prononce ce vers :

De quel front osez-vous, soldat de *Corbulon*.

un des spectateurs s'écria : « C'est
» *Crébillon* qu'il faut dire : j'ai lu l'af-
» fiche. Ces comédiens de province

» sont d'une ignorance qui défigure
» tous les noms. »

Notre célèbre Boieldieu, étant en voyage, passa par une petite ville où il fut obligé de s'arrêter. Les autorités ne surent pas plus tôt que ce grand compositeur était dans leurs murs, qu'ils allèrent le prier de vouloir bien assister le soir au spectacle, où l'on représenterait, en son honneur, un de ses ouvrages. M. Boieldieu y consentit. Aussitôt des affiches sont posées, par lesquelles on annonce que l'on jouera le bel opéra de *la Fête du Village voisin*, et que l'auteur de la musique assistera à la représentation. La salle est bientôt remplie, et M. Boïeldieu, fidèle à sa parole, est dans une loge. Au moment de commencer, un acteur vient prévenir le public que, dans l'impossibilité où l'on s'est trouvé de réunir un nombre suffisant de musiciens, on va jouer la pièce sans musique. L'ouvrage obtint un succès de bâillemens, qui était encore un hommage tacite au génie de M. Boïeldieu.

Nous avons de nos jours des épicuriens qui ont des prétentions au titre d'insouciant; mais ils couchent sur la plume, et dînent au rocher de Cancale. Chanteraient-ils aussi gaîment le bonheur de n'avoir pas le sou, s'ils se trouvaient dans la position du poète May, qui vivait dans le dernier siècle, et qui composa une trentaine d'ouvrages tant tragiques que comiques, sans parvenir à en faire un qui pût soutenir la représentation ?

Possesseur d'une fortune de cent mille francs, il voulut voir comment on vivait avec vingt mille livres de rente, et en cinq ans il expédia toute sa fortune. Réduit ainsi à la misère, il la supportait avec une constance héroïque. Un de ses amis, l'ayant rencontré, pendant un hiver des plus rigoureux, vêtu d'un habit de toile, et lui ayant demandé comment il pouvait s'accommoder d'un habillement si léger, en reçut pour toute réponse: « Je souffre. » Un grand seigneur lui donnait sa table, et l'habillait quelquefois. Il lui fit un jour présent d'une très-belle perruque, en lui recommandant de la ménager et de ne la mettre que par le beau temps. May se présente, quelques jours après, par une grande pluie, chez son protecteur, avec sa perruque. « Pour- » quoi, lui dit ce dernier, n'avez-vous » pas mis la mauvaise? — « Parce que » je l'ai vendue. » — « Et pourquoi » l'avez-vous vendue? » — « Pour ne » pas vendre la bonne. » Il mourut pour avoir couché sur une botte de foin, son seul domicile.

Un jeune auteur venait de lire, il y a quelques années, au Théâtre-Français, une tragédie, dans laquelle presque tous les personnages mouraient. Une actrice, voulant le plaisanter, lui demanda la liste des morts; « Et vous, madame, reprit l'auteur, » pourriez-vous me donner la liste » de tous ceux que vous avez blessés?»

M. Alexandre Duval menaçait les auteurs de *Rochester*, drame qui se joue avec succès à la Porte-Saint-Martin, de les attaquer en contrefaçon, pour avoir évidemment pillé sa pièce de *la Jeunesse de Richelieu*, qu'il composa en société avec Mon-

vel. « Nous ne craignons rien, ré-
» pondirent MM. Benjamin et Théo-
» dore; nous n'avons pris que la part
» de Mouvel. »

C'est à propos de cette même pièce de *la Jeunesse de Richelieu*, qu'un M. de Saint-Orre écrivit à M. Duval cette lettre curieuse :

« Monsieur, j'ai l'honneur de vous
» prévenir que j'ai l'intention de *trai-*
» *ter votre ouvrage*, et je viens vous
» proposer de le traiter avec moi.

» Je sais que plusieurs personnes
» ont le même projet; vous voyez que

» j'ai plus de délicatesse qu'elles,
» puisque je vous préviens. J'espère
» que vous me donnerez la préfé-
» rence, et que vous consentirez à ma
» proposition. »

Ce n'est pas la première fois que ce M. de Saint-Orre a la velléité d'être auteur. Il avait fait, il y a quelques années, un vaudeville qui commençait par ces mots : *Le théâtre représente des paveurs.* M. de Saint-Orre fera très-bien de ne traiter jamais que les pièces de M. Alexandre Duval.

Un des meilleurs acteurs comiques dont on ait gardé la mémoire, Armand, invité un jour à souper par deux de ses camarades, arrive l'air triste et chagrin. On lui en demande la cause : « Mettons-nous à table, » mes amis, je vous raconterai cela. » Figurez-vous un honnête gentil- » homme, qui retire chez lui un mi- » sérable, à qui il donne sa fille avec » tout son bien, et qui, pour le ré- » compenser de ses bontés, veut sé- » duire sa femme, le chasser de sa » propre maison, et se charge de con- » duire un exempt pour l'arrêter. » — « Ah! le coquin, le monstre, le scé- » lérat! » s'écrient les convives, les larmes aux yeux. Alors Armand, continuant avec le sang froid qui le ren-

dait si plaisant : « Là, là, consolez-
» vous, leur dit-il, ne pleurez pas;
» mon gentilhomme en fut quitte
» pour la peur. L'exempt lui dit :

Remettez-vous, monsieur, d'une alarme si chaude.

— Que diable! c'est le sujet du *Tar-*
» *tufe* que tu nous débites là. » — « Eh!
» oui, mes amis; a-t-on si grand tort
» de dire que beaucoup de comédiens
» ne connaissent pas les pièces dans
» lesquelles ils jouent ? »

Chapelle, qui remplissait au Vaudeville les rôles de *Cassandre* avec une si rare perfection, obtint, lorsqu'il se retira, une représentation à son bénéfice. Quelques créanciers mirent opposition entre les mains du caissier, et, lorsque Chapelle se présenta pour toucher le produit de la recette, on lui fit la retenue d'une somme de quinze cents francs. Furieux de ce qu'il appelait un mauvais procédé : « On m'y reprendra, s'écria-t-il, à donner des représentations à mon bénéfice! »

Dufresny, auteur de *l'Esprit de contradiction* parvenait rarement à faire jouer une comédie telle qu'il l'avait composée : les comédiens lui faisaient réduire ses pièces en trois actes à un, et ses pièces en cinq actes à trois. « Comment! disait-il un jour, » je ne viendrai donc jamais à bout

» de faire jouer une pièce en cinq ac-
» tes! Pardonnez-moi, lui répondit
» l'abbé Pellegrin ; faites une comédie
» en onze actes; les comédiens vous
» en retrancheront six, et il vous en
» restera cinq. »

Lulli était si passionné pour sa musique que, de son propre aveu, il aurait tué un homme qui lui aurait dit qu'elle était mauvaise. Il fit jouer pour lui seul un de ses opéras que le public n'avait pas goûté. Cette singularité fut rapportée au Roi, qui pensa que, puisque Lulli trouvait son opéra bon, il l'était en effet. Il le fit exécuter. La cour et la ville changèrent de sentiment : cet opéra était *Armide*.

Une actrice avait répété plusieurs fois le rôle d'*Armide*, par lequel elle devait débuter. Une de ses amies, trouvant qu'elle ne mettait pas dans ce personnage la chaleur et la tendresse qu'il exige, lui donna plusieurs leçons mais sans que la débutante changeât rien à sa manière. « Ce que je vous de-
» mande est-il donc si difficile ? lui di-
» sait-elle. Mettez-vous à la place de
» l'amante trahie. Si vous étiez aban-
» donnée d'un homme que vous ai-
» mez tendrement, ne seriez-vous pas
» vivement affectée ? Ne chercheriez-
» vous pas... Moi, répondit l'actrice, je
» chercherais un autre amant. »

Baron, après avoir quitté le théâtre, eut la fantaisie d'y remonter à l'âge de 80 ans. Il reparut par le rôle de *Rodrigue* dans *le Cid*. Lorsqu'il en fut à ces vers :

Je suis jeune, il est vrai ; mais aux âmes bien nées
La valeur n'attend pas le nombre des années,

le peu de convenance qu'il y avait entre ces paroles et sa physionomie, et le ton nazillard avec lequel il les déclama, excitèrent un éclat de rire général. Il s'interrompit un instant, et recommença. Même gaîté de la part du public. Alors, n'y pouvant plus tenir, il s'avança sur le bord du théâtre, et s'adressant particulièrement à ceux qui composaient le parterre :

« Messieurs, dit-il, je vais recom-

» mencer pour la troisième fois ; mais
» je vous avertis que, si l'on rit en-
» core, je quitte le théâtre, et je n'y
» remonte de ma vie. » Il continua son
rôle, et on l'écouta avec le plus grand
silence.

A la même représentation, ce Rodrigue suranné se jeta encore assez lestement aux genoux de Chimène; mais il fallut que deux garçons de théâtre vinssent l'aider à se relever.

Cyrano de Bergerac disait, en parlant du comédien Montfleury, avec lequel il avait eu une querelle: « Parce
« que ce coquin est si gros qu'on ne

« peut pas le bâtonner tout entier
» en un jour, il fait le fier. »

L'acteur E..., connu pour faire des offrandes trop fréquentes à Bacchus, vint jouer un soir après un dîner un peu trop copieux. Voulant chanter un couplet qui commence par *je viens*, il manque de mémoire, et répète plusieurs fois le même mot d'une voix mal assurée. Alors quelqu'un du parterre ajoute : *du cabaret*. « Ma foi oui, » dit naïvement l'acteur. Le mot fit rire, et sauva M. E... d'une correction qu'il avait bien méritée.

FIN.

Table.

Préface. 1
Introduction.—Origine des Théâtres en France. 8

TITRE PREMIER.

Chapitre Ier. Du Comédien. 59
II. Du Directeur. 64
III. Du Régisseur. 69
IV. Des Répétitions, 72
V. Des Mises en scène. 77
VI. Des Choristes. 82
VII. Des Costumes. 85
VIII. Du Machiniste. 89
IX. Du Costumier. 92
X. Du Magasinier. 94
XI. Du Répertoire. 98
XII. Du Souffleur. 101
XIII. De l'Orchestre. 104
XIV. Des Billets donnés. 108

TITRE DEUXIÈME.

ÉCUEILS.

Chapitre Ier. Des Indispositions subites.	112
II. Des Ouvreuses de loges.	117
III. Des Représentations à bénéfice.	123
IV. De la Queue.	130
V. Du Parterre.	135
VI. Des Loges.	139
VII. Des Doublures.	143
VIII. Des Habitués.	147
IX. Des Annonces de journaux.	150
X. Des Questionneurs.	154

TITRE TROISIÈME.

APPLICATIONS.

Chapitre Ier. De l'Amour-Propre chez les comédiens.	159

II	De l'Esprit de corps entre les comédiens.	172
III.	Des Comités de lecture.	177
IV.	Des Comédiens bourgeois.	185
V.	Des Mères d'actrices.	196
VI.	De la Censure.	208
VII.	Des Vaudevillistes.	219
VIII.	Du Conservatoire.	228
IX.	Du Bienfaiteur.	234
X.	Du Collaborateur.	240

Un Bal chez mademoiselle Mars. 245

ANECDOTES. 253

FIN DE LA TABLE.

www.ingramcontent.com/pod-product-compliance
Lightning Source LLC
Chambersburg PA
CBHW071504160426
43196CB00010B/1419